与索罗斯一起走过的日子

梁 恒◎著

廣東省出版集團
广东经济出版社

图书在版编目（CIP）数据

与索罗斯一起走过的日子／梁恒著. —广州：广东经济出版社，2012.2

ISBN 978－7－5454－1182－9

Ⅰ.①与…　Ⅱ.①梁…　Ⅲ.①索罗斯，G.—生平事迹

Ⅳ.①K837.125.34

中国版本图书馆CIP数据核字（2012）第018513号

出版发行	广东经济出版社（广州市环市东路水荫路11号11～12楼）
经销	全国新华书店
印刷	广东新华印刷有限公司（广东省佛山市南海区盐步河东中心路）
开本	730毫米×1020毫米　1/16
印张	14.5　1插页
字数	227 000字
版次	2012年2月第1版
印次	2012年2月第1次
印数	1～20 000册
书号	ISBN 978－7－5454－1182－9
定价	35.00元

如发现印装质量问题，影响阅读，请与承印厂联系调换。

发行部地址：广州市环市东路水荫路11号11楼

电话：（020）38306055　38306107　邮政编码：510075

邮购地址：广州市环市东路水荫路11号11楼

电话：（020）37601950　邮政编码：510075

营销网址：**http：//www.gebook.com**

广东经济出版社常年法律顾问：何剑桥律师

谨以此书献给爱妻杨青和挚友宇光

序

20世纪70年代末，我在湖南师范大学就读时，与美籍教师夏竹丽相恋。后来经邓小平主席亲自批准，我和夏竹丽结婚，随后到美国继续深造。1983年，我和夏竹丽合著的第一本书《革命之子》出版后，轰动了整个西方世界，被译成20多种不同语言的版本在全球发行，并被美国国家广播电视公司拍成电视连续剧。世界闻名的金融大师乔治·索罗斯（George Soros）读了《革命之子》这本书后，很想认识我，他通过我的编辑找到了我。从第一次见面起，索罗斯便与我结下了奇缘，一直延续至今。

索罗斯是人类金融史上的奇才，西方世界已经出版的有关他的书，主要都是描写他的金融投资活动和慈善事业。到目前为止，还没有一本书是描写索罗斯的平常生活。他在神坛下是怎样的一个人，这个世界上除了我，不会再有第二个人能够揭开他的神秘面纱。感谢造化赐予我与他的奇缘，使我能够还原他的真实样貌，让世人看到一个鲜活生动的索罗斯。

我从2009年开始动笔，直到2011年5月才正式完稿。这本书是描写我怎样与金融大师索罗斯认识，怎样成为他的家庭朋友，以及作为他的私人代表，怎样帮他处理与中国的关系和事务的。全书详细记载了20多年来，我与索罗斯一起相处的日子，其中也描写了我目睹索罗斯在做某些重大金融决策时的心理表现和情绪反应。我相信，这些内幕是任何财经人士和玩股票的芸芸众生都会感兴趣的。

毫无疑义，这本书的内容极为珍贵，是由索罗斯身边最亲近的人，而且是一个中国人，第一次讲述不为外人知道的索罗斯的内幕故事，但我不认为自己把真正的索罗斯说清楚了。记得索罗斯的第一本书《金融炼金术》出版后，受邀去哈佛大学给商学院的师生演讲。他很幽默地告诉听众，凡是读了他的书的人绝对赚不到钱，因为没有人能够知道真实的他。一位听众举手问他："你能告诉我们真实的你是什么样吗？"索罗斯笑答："不能，说出来就没有索罗斯了。"索罗斯的话引得大家哄堂大笑。我当然不可能说出索罗斯的全部生活，但至少我对世人讲的我所知道的索罗斯，不仅真实，而且是独一无二的。

本书共分43章，为了保持故事的真实性和人物的原汁原味，我基本上是采取平铺直叙的描写手法，刻意地不加自己的评论，但为了让读者更好地了解索罗斯，特别是对他所言所行的内在意义有更透彻和更精准的认识，我在每一章节的最后，会穿越时空，对所描写的故事和人物有适度的点评。通过这种远近融会的手法，金融奇才索罗斯在广大读者面前将显得更为立体和清晰。

索罗斯和梁恒在北京酒店挂了"马"字书法的画框前合影。他们两人都属马。

前言

2009年夏天的一个下午，我和索罗斯最小的儿子格瑞格里在庄园里散步。格瑞格里已经读大学二年级了，但他还是和小时候一样，调皮捣蛋，在庄园里，不管去什么地方，有门不进，非要翻墙或者从铁丝网里钻过去；有平坦的路不走，偏偏喜欢在路边的灌木丛里穿行。

我们边走边聊，他问我最近在干什么，我说准备写一本书。

他好奇地问："什么书？"

我回答："关于你爸爸和我、和中国的事情。"

他笑着说："听起来像一本回忆录。"

格瑞格里是索罗斯最小的儿子，可以说，梁恒是看着他长大的。

“可能是吧，”我想了想说，“是写对过去的回忆。”

他听了哈哈大笑，说：“是啊，你也到了该写回忆录的时候了。”

“你什么意思？”我开玩笑地对他做了一个拳击动作，大声嚷道，“你是笑我已经老了吗？来呀，出拳。”

他耸耸肩膀，朝我挤眉弄眼地笑道：“不是吗？你已经不是背着我玩的那个人啦！不过，不要只写我爸爸，也要写我，写我们的家人，以及你和我们在一起的生活。”

这次和格瑞格里的对话，启发了我如何写这本书。格瑞格里说得对，我应该写自己和索罗斯相处的日子，以及和他一家人度过的岁月。自从金融大鳄索罗斯闻名于世以来，已经有很多人写过他是如何挣钱，又是如何花钱做慈善事业的，但还没有一本书是描写他的私人生活。我写的应该是外人所不知道的索罗斯，是我和索罗斯在一起走过的日子。自从1983年我的第一本书《革命之子》在美国出版后，我与索罗斯结下了奇缘，一直延续至今。20多年过去了，时光流淌出许多耐人寻味的美好回忆，我要把它们写出来，为索罗斯，也为我自己。

目录 Contents

一、我家就是你家

1983年2月，我和前妻夏竹丽合著的《革命之子》在美国出版。此书一出，立刻引起了轰动，各大日报、周刊不约而同地为《革命之子》写书评。大小电视台、电台排队采访我。几乎所有的大学，甚至许多中学都邀请我去演讲。去不了的，就让我通过学校的电教视频和学生们交谈，至于各种各样的社会团体和组织的邀请就多得数不胜数了。我这个初出茅庐的无名作家，当时就像一匹被人猛踢的脱缰野马，拼命狂奔，累得要死。

1984年年初的一天下午，我接到出版社编辑打来的电话，说《纽约时报周日刊》的总编辑让他转告我，有一位商人看了我的书，通过这位总编辑在找我，没别的，就想见我一面。

商人？我每天够累了，有必要见这位商人吗？何况我从来不认识商人，也从来对商人没有兴趣。

“想见吗？”我的编辑在等我回答。

人家毕竟是看了我的书想见我。此念一生，我回答：“见就见吧，等你通知。”

第二天上午十点，我的编辑来电话，他让我中午十二点半去曼哈顿中城哥伦巴圆形广场的一家法国餐厅和这位商人共进午餐。他说，这家法国餐厅就在这位商人的办公楼下，餐厅最里面有一个包厢是这位商人专用的，进去时告诉领位先生，说你是乔治·索罗斯先生的客人就可以了。

这么快！我心里犹豫了一下，但还是答应了。我成名后买的第一套西装还在干洗店。穿什么呢？我想，无所谓，不就是一顿饭嘛。于是，我上着深蓝色的毛式制服，下配一条的确凉灰长裤，脚上穿了双中国士兵的绿胶鞋，背上我最喜欢的黄挎包，上面还绣了红色的毛主席头像和“为人民服务”几个字，就这样出门了。

十二点半，我准时到了法国餐厅，对领位先生报了乔治·索罗斯先生的名字。对方惊讶地上下打量我，马上满脸堆笑点点头，把我引到了商人的包厢。

“我是乔治·索罗斯，很高兴见到你。”眼前的这位商人笑着对我说，伸过手来，紧紧握住我的手，坚定有力地摇了几下。

我的第一印象觉得他不是商人。他中等身材，头发灰白，和颜悦色，戴着一副精致的眼镜，身着一套棕色英国人字呢西装，浅蓝色衬衣配了一条暗红色的领带，整个人看上去像是一位教授。还没等我答话，他又用手拍拍我的肩膀，笑着问：“梁，你的脚还痛吗？”瞬间，我已经忘了初次见面时，应该说的问好和自我介绍，浑身就像被春风沐浴，马上和这位和蔼的商人坐下来促膝谈心了。

还是索罗斯先说：“我看到你书中描写少年时，在农村的那段生活特别有同感。你摔坏了脚，就缺四分钱，不能去医治。我年轻时在铁路上打工，让木箱砸断了腿，也是没钱去治。”

“我的脚现在一到阴雨天还有点痛。”我说。刹那间，我感动了。

索罗斯对我微笑地眨了一下眼睛，说：“痛点好，它会总是提醒你过去的事。”

接下来，我们花了很长的时间在谈《革命之子》。出乎我的意料，索罗斯不仅从头到尾看了我的书，而且对其中的许多细节非常熟悉。我甚至觉得，他在谈书时流露出来的兴奋和感触，就好像他自己在我过去的人生路上走了一趟。

《革命之子》是我和夏竹丽那时刚刚在美国出版的一本书，分为三部分：第一部分描写我在“文化大革命”中长大成人的亲身经历；第二部分讲了我们两人扣人心弦的跨国爱情故事；第三部分是对中国人如何一而再、再而三地努力与过去诀别的辛辣分析。那时，西方很多人好奇，急于了解封闭而神秘的中国，这本革命加爱情的书一时成为畅销书，影响很大，怪不得大忙人索罗斯都产生了强烈的好奇心！

“你先吃点东西，你吃，我来说说我的‘革命之子’。”见我思忖不动，索罗斯笑着幽了我一默。

我都快饿死了，一看表，已经是下午两点。

我狼吞虎咽地吃着，除了红酒没碰，桌上的东西几乎都被我一扫而光。索罗斯一边笑嘻嘻地看着我吃，一边把自己青少年时期的一些故事对我娓娓道来。

饭吃完了，索罗斯丝毫没有要结束谈话的意思，又兴致勃勃地和我讲他的哲学思想，接着还详细介绍了他在自己的祖国匈牙利，建立的第一个慈善机构——索罗斯基金会。三个小时又过去了，餐厅的侍者开始准备迎接晚餐的客人。他们过来询问索罗斯是否还要继续晚餐。索罗斯对我一笑，意思是，你觉得呢？我连忙摆手表示足够了。他让侍者送些不同口味的奶酪，再配上两份甜食和水果。

“你现在在干什么？对今后有什么打算？”索罗斯把话题一转。

“我现在都快累死了。”我回答。然后，我把中国成语“人怕出名猪怕壮”翻译并解释给他听。

“哈哈，看来我这头猪也快被人宰了。”索罗斯笑着告诉我，在他的金融投资事业中，他每次赢了钱后，一旦被周刊采访上了封面，就会马上输掉很多钱。

“有时候出名的确让人烦恼，不过，我还是一头瘦小的猪仔，暂时不怕别人宰，”我开始有了一点幽默感，然后又说，“我是哥伦比亚大学的研究生，现在最重要的是拿到学位。”

“拿到学位后呢？”

“我想办一份杂志，但现在还没有想好。不管继续写书或是办杂志，我一定要回中国去做事，因为那是我的祖国。”

“你以前在中国吃了那么多苦，你不愿意选择在美国这个自由的地方发展自己吗？”

“正因为我吃了那么多苦，我更想选择回中国去做事。我今年30岁，如果从现在起，我所做的事能为自己国家的老百姓带来一点点好处，我会觉得很幸福。”

“今天的中国有你做事的机会吗？”

“中国已经开始在变了，历史在选择我们每一个人，关键是我们能否抓住机会。”

索罗斯就这样简单地问，我就这样如实地答。这一问一答会对我今后的人生产生什么样的影响，我当时想都没有想。但是，对索罗斯而言，这段对话让他说出了以下决定：“梁，我为你的选择感到高兴。你想做的事，我都会支持。我也感觉到中国将要发生巨大的变化，这个变化将会影响全世界，

索罗斯和梁恒在一起。

就是说，会影响人类历史的发展。我很盼望参与到这个变化的过程。我希望你担任我的中国顾问。”

我内心很感激索罗斯对我的理解，但我没有想和他继续讨论中国的问题，只是说：“现在看来我有四件事情要同时做：拿学位，写书，筹办杂志，做你的私人顾问。”

“你可以同时进行。这都是一个现代知识分子的生活内容。”索罗斯说完话站起来，笑呵呵地拍了拍我的肩膀。

“好，我的杂志就用你刚才说的‘知识分子’命名。”我忍不住灵光一现的冲动，拉着索罗斯的手大声说道。

“那是你的事。从今天起，你任何时候到我家来不必先打电话，想来就来，我家就是你家。”索罗斯笑着对我眨眨眼。

走出法国餐厅，已是傍晚六点。夜幕降临，纽约街上灯火景色格外眩目。我头脑不太清醒，也许是谈话太久了，人很疲惫。目送索罗斯慢悠悠地没入人流，我真没想到，就是这位教授模样的商人将会彻底改变我今后的人生。

很明显，索罗斯与我见面是有备而来的。一是他预测到中国的改革与开放将对世界产生巨大的影响，他很想在自己不熟悉的中国做点有意义的事情；二是他来自共产党领导下的匈牙利，对社会主义国家又有很深的认识，当他读完我的书后，一方面很欣赏我的人生经验，另一方面他可能冥冥之中觉得，我会分享他去中国做事的心愿。通过和我面对面的交流，他坚定了自己对我的感觉和判断，于是主动提出希望我担任他的中国顾问的要求。这次见面让他和我结下奇缘。我虽然不知道和他交往以后会怎样，但他非常认真地读完了我的书，这点让我印象深刻，也特别感动。

二、那是你的杂志

1984年5月，我从哥伦比亚大学研究生院毕业后，马上全力以赴筹办《知识分子》杂志。事实上，我已经花了差不多两年的时间在策划和准备这份中文季刊。在朋友们的关怀和鼓励下，经过大家的反复讨论和商榷后，刊物的宗旨明确了，顾问委员会也成立了。最让我高兴的是，筹办期间，结识了许多来自不同国家和地区却同样对中国感兴趣的中外知识精英，建立了不同思潮派别的学术网络。刊物的写作队伍人才济济，大家都愿意为中国的思想解放运动奉献微薄之力。

万事俱备，只欠东风，东风就是钱。最基本也是最关键的问题，钱在哪里？两个星期前，我认识了美国当代著名的哲学家霍克。他当时正在斯坦福大学任教。他也是读了《革命之子》以后，想方设法找到了我，愿意和我讨论中国的问题。霍克教授是美国保守派的思想家，也是里根总统的智囊之一。他和我认识交往后，听了我要办杂志的想法，很乐意为《知识分子》出力。

霍克教授专门写信给在华盛顿的美国民主基金会总裁，极力推荐我，信里好话连篇，最后的结语是："支持这位不寻常的中国年轻人是你们的荣幸。"总裁先生正好是霍克教授的忠实门生，收信后，他主动给我打电话说：

“请把你的项目报来，我不会让霍克教授失望的。”

我心里明白，这笔钱是没有问题了。但是，钱是来自保守派的基金会。对于这点，我心里有点不踏实。不行，还得再找财源。

自从和索罗斯吃过那顿不寻常的午饭后，我已经有了信心，我相信他的话“你想做的事，我都会支持”，于是，有天中午我拿起了电话。

索罗斯接了电话，听说我有重要事情找他谈，马上说：“如果是很重要的事，我建议我们去中央公园谈。”什么？重要的事情去公园谈？我不习惯在懒散的气氛中谈严肃的事情。“不能去你的办公室谈吗？”我问。

“梁，天气太好了，不能错过哦，”索罗斯说，“你在公园滑冰场门口等着，我现在就过去。”

我二话没说，赶紧脱下刚穿上的西装，取掉领带，换上一套休闲服，抱了准备好的一大堆文件夹，急匆匆地往公园赶去。

真好的天气啊，湛蓝的天空，絮白的云朵，中央公园的绿草地上，躺满了在和煦的春风里晒太阳的悠闲男女。景色这么好，我却无心观赏，站在滑冰场门口左顾右盼，心想，这次谈话至关重要，就把它当作论文面试，力争过关。

不到一刻钟，索罗斯就来了。他微笑着和我打招呼：“梁，我们去草地坐吧。”我跟随他慢慢走到公园的大草坪，我们在人堆里找了一块空地坐下来。我刚刚把手中的文件夹放在草地上，索罗斯已经四肢舒展，在草地上躺好了。

“梁，中国的公园好看吗？天气好时会有人躺在草地上晒太阳吗？”索罗斯问我，好像忘记了我是来找他谈重要事情的。

我压住心欲，认真地回答他：“各个城市的公园不一样，但整体来说都很漂亮，特别是北京的颐和园和杭州的西湖公园。不过，中国人没有躺在太阳下晒几个小时的习惯。”

索罗斯还在想着公园的事，他说：“我的老家布达佩斯的公园风景美极了，在公园里休息是令人非常享受的。这个中央公园的管理简直糟透了，真是比不上我老家的公园。”接着他告诉我，这几年来，他捐给了中央公园许多钱，希望能够改善公园的管理系统，让人们到这里来尽可能有多一点美好的享受。

索罗斯终于把话题转到了资助项目上。我内心一喜，马上开口了："我想和你说的重要事情也是和资助有关。我已经把出版杂志的准备工作都做好了。"我想到霍克教授帮我写的推荐信的效用，于是，把哈佛大学费正清教授、普林斯顿大学余英时教授、哥伦比亚大学黎安友教授为我写的推荐短语，从文件夹中取出来读给索罗斯听：

"费正清教授说，在一个近代的民主社会中，私人创办而用来讨论公共事务的刊物都促进了舆论的成长。《知识分子》正是继承了从西方的《旁观者》、《联邦论丛》到中国的《独立评论》、《观察》等刊物的精神传统。

《知识分子》杂志

"余英时教授说，中国近代以来并不是没有学者、专家之类的人才，但却很少人能被称之为知识分子。希望《知识分子》刊物的出现，可以刺激知识分子型人物的成长，即具有批判性、历史文化意识和清明的理智。

"黎安友教授说，中国的知识精英需要以更有效的方式来了解西方生活和思想，也需要通过一个媒介来分享和讨论他们心目中解决中国各种问题的最佳办法。在《知识分子》这个开放的论坛中，他们将可以朝这个目标迈进。"

索罗斯听完这三段短语，笑着问我："你好像是在干一件很伟大的事，对吗？"

我坚定地回答："对。"

他还是笑着问："有那么伟大吗？"

"有。"我答得毫不含糊。

"我同意，"索罗斯坐起来，伸伸双手，抱着两条腿说，"把自己看得伟大，就会去做伟大的事。"

索罗斯的话好像给我身上注射了一针吗啡，顿时，我脸上发热，心跳加速，真有如日方升之感。我赶紧把一大堆材料从文件夹里拿出来，摆开在脚前，准备一项项讲给他听。

“这些是什么？”索罗斯问。

我向他解释，这些都是顾问委员会委员们的背景介绍、杂志第一年的内容设计，包括不同领域的各类文章的策划意见，以及前三年的财务预算。我对他说，就给我20分钟，我会让他对这份刊物有一个整体的了解。

“哈哈，”索罗斯一笑，摆摆手说，“不必了，办什么样的杂志是你的事，我只管给钱，三年内，每年给你5万美金。”

我没想到，对我来说是多么严肃的事情，在索罗斯这里就是晒着太阳，几分钟就搞定了。我心有感慨的不是他有钱拍板快，而是他对我的鼓励和信任。

索罗斯不仅兑现了他在法国餐厅对我的承诺，而且在三年后，他每年都增加了资助款，并将其1987年出版的著作《金融炼金术》的部分章节在该刊上连载，以表示他的支持，一直到《知识分子》结束其历史使命。

今天的年轻人不一定知道这份杂志，在此，我们有必要说说它。《知识分子》杂志于1984年在纽约创刊，刊发了不少国内和海外著名学者的文章，比如在杂志上撰文的就有美国哈佛大学教授麦克法夸尔（Roderick MacFarquhar），著名历史学家黄仁宇、余英时，著名经济学家张五常、杨小凯等，当然也包括索罗斯。文章纵论历史、政治、思想文化和经济改革，在20世纪80年代和90年代产生过广泛影响，记得当时国内高校年轻学子一睹为快的急切心情不亚于争看当时的《读者文摘》。

话题转回来，兴奋之际，我又向索罗斯咨询了两个问题。我说，保守派的美国民主基金会也会拨款资助我的杂志，不知他怎么看这个财源。索罗斯说，这没有什么关系，保守派的钱和像他这种自由派的钱都是钱，有钱能办事就行了。我说，我还请了新保守主义的哲学大师霍克教授担任杂志的顾问。索罗斯点点头说：“一份独立开放的刊物就是需要多元化，你做得对。”

我接着问他第二个问题："你给我的资助是否应该保密？因为你的名声太大，其他人听说你在支持我，可能会觉得我已经有足够的钱了，就不想再帮我了。"

索罗斯不同意我的想法，他说："正因为我资助了你的刊物，你应该用我的名气去寻找其他的资助。"

以后的事实证明，索罗斯是对的。在他的光环下，我如虎添翼，也从别的基金会筹到了款。

这次见面让我吃惊的是，索罗斯在草地上晒太阳，非常亲和、放松、散漫地和我谈大事，而且三言两语就把事情决定下来。后来我常常发现，来找他寻求资助的人往往准备得很充足，可是和他一见面，几分钟就获得了他的批准。这一方面是他自己的钱好说话，另一方面是他只要喜欢，就会随心所欲地绕过官僚程序直接拍板。索罗斯经常跟我说，他特别不喜欢官僚机构办事，但他又没办法，他的慈善机构就是官僚机构，而且被多如牛毛的法规限制着。这次在草地上和索罗斯讨论我的杂志，是我第一次深深地感觉到他的开放思想和包容胸襟，因为他鼓励我，要让自由派和保守派的学术领袖都来担任杂志社的顾问。

三、你会有第三次婚礼吗

《知识分子》创刊号出来了。在百忙中，我并没有忘记索罗斯和我第一次见面时，所提到的想在中国做事的心愿，我对担任他的中国顾问一事已经有了决定。我想应该给他一个答复了，于是，直接去索罗斯家拜访他。

索罗斯在纽约曼哈顿的家，位于中央公园东边的第五大道上，我按地址到了他家楼下。保安听我自报姓名后，马上和索罗斯家里人通话，然后让我进入电梯。门一关，电梯启动上升，直接停在了索罗斯家的客厅门口。

我仿佛走进了欧洲18世纪某位王室贵族的官邸。金碧辉煌的吊灯、古香古色的家具、价值昂贵的油画、精致的摆设、书柜里上下整齐排列的世界文学名著的古典版本。我在客厅中央站着，坐也不是，动也不是，不知如何是好。

"请坐，"一位身材漂亮的女人从楼梯上走下来，说话的声音很高，"我是乔治的妻子苏珊。他已经和我说过你好多次了，还建议我看你的书。"

苏珊看上去太年轻了，真是让我大吃一惊。她金发蓝眼，脸色红润，穿着牛仔裤和一件宽松的白布衬衣，脚上套着棉袜，没有穿鞋。

"我们是校友。我在哥伦比亚大学主修欧洲古典艺术史。”苏珊笑着说，并示意让我在一张古雅的木椅上坐下。

“乔治刚回家，在楼上换衣服，马上就会下来，”苏珊边说边按铃让仆人送茶进来，“保安说了你的名字后，乔治让我通知厨房今晚吃中国菜。”

我好奇地问：“中国菜？”

苏珊笑着点点头，马上告诉我，她家的仆人都是中国人。厨师叫泰，他太太叫苗，专门负责上下两层楼的清洁卫生。还有一位仆人叫易，主要是管理房务。

“易是泰家的远亲，在法国待过，她对衣服穿着的品味很好，洗熨技术真是第一流的。”苏珊正说得高兴，索罗斯下楼来了。

“梁，别坐那张木椅，坐沙发上，”索罗斯刚坐下，就用手指着我坐的木椅笑着说，“那是老古董，我都不想坐，万一坐塌了，苏珊会心痛的！”

我吓了一跳，赶紧换地方坐，同时又问：“你们客厅里的东西全部加起来恐怕是价值连城吧？”

“最贵的是这些油画，”苏珊说，“每隔一段时间，纽约的一些博物馆就会借走一两幅画去展览，展览完后再送回来。”

“我和苏珊对居住环境的品位完全不一样。她喜欢古典的、昂贵的，有收藏价值的。我喜欢现代的、简单的，舒服就行了。”索罗斯说完，对苏珊笑笑。

“会有冲突吗？”我问。

“在我的书房和办公室，我会保

索罗斯在安排晚餐的座位，幽默地请梁恒坐他的座位。

持自己喜欢的风格。”索罗斯说到这，厨师泰过来告诉我们可以吃饭了。

进了餐厅，我一看，桌上摆的全是中国菜，烤乳猪肉片拼盘、芹菜胡萝卜丝炒肉、宫保鸡丁、芥蓝牛柳、青豆虾仁、茄丝豆角，好家伙，还有一大盆扬州炒饭。我没有留意餐厅的豪华气派和那些闪闪发光的银质餐具，坐下来拿起筷子就等主人夫妇发话开吃。

泰进来给索罗斯斟上红酒，问苏珊和我喝什么。我不喝酒，继续喝茶。苏珊要了一杯可乐。

“你是正在长大的大男孩，能吃多少就吃多少，”苏珊开我的玩笑说，“乔治已经跟我说过你们的见面，还提到了你的饭量。”

我们边吃边聊家常。我问索罗斯有几个小孩，索罗斯说，他结过一次婚，有两儿一女，大儿子和女儿在读大学，小儿子快高中毕业了，孩子们都和他的前妻住在一起。

我又问苏珊，她和索罗斯是怎么认识的。苏珊笑了笑说，她爸爸也是一位很有钱的商人，她家就住在这附近不远。有一天，她和姐姐去网球俱乐部打球，她不仅不会打，手上还拿着没有网子的球拍走来走去。在这之前不久，索罗斯和另外一位朋友，加上她，三人在一起吃过一次饭，也算互相认识。正好这时候，索罗斯也在旁边球场打球，向她挥手致意，并注意到她手里的球拍。休息时，索罗斯主动走过来好意劝她，不要拿着没有网子的球拍晃来晃去，够丢人现眼的。她听了很害羞，正无言可答时，浑身冒汗的索罗斯邀请她吃午饭，她答应了。那是他们的第一次约会。

从那以后，他们常来往，但不亲密。其原因是索罗斯当时有一位女朋友，苏珊自己也有男朋友，他们就这样交往了一年。苏珊和男朋友分手后，又等了索罗斯一年，直到他最后和女朋友分手，才正式确定彼此的关系，没过多久，他们就结婚了。

“他过去的女朋友还没有从他身边消失，现在正担任匈牙利基金会的纽约办公室主任。”苏珊说完后，瞪了索罗斯一眼。

“都是好朋友嘛。我们结婚时，你的男朋友也被邀请参加了我们的婚礼，不是吗？”

“我们也邀请了你的女朋友来参加婚礼，但被她拒绝了。”

“她说要等我第三次结婚时才会来参加婚礼。”

“你会有第三次婚礼吗？”

“不会。”

“这么肯定？”

“我不是愚蠢的人。”

我在旁边听索罗斯夫妇的对话有点不好意思，但他俩就是这样在我面前一笑一逗地说着。我不言语，只管吃饭。

过了一会儿，轮到苏珊问我了：“我还没有看你的书，能不能告诉我，你是怎样和美国太太认识的？”

“1976年毛主席逝世，‘极左’派‘四人帮’被逮捕。不久，邓小平出来主持中国的大政。1977年中国恢复了大学考试，我考上了湖南师范大学中文系，有幸认识了在外语系教书的美籍教师夏竹丽。”

“她怎么会在你们大学教书？”

“她从小在纽约长大，爸爸是心理学医生，妈妈在麻州史密斯学院任教，她在加州柏克莱大学主修社会人类学和中文。后来因为在美国左派思潮运动中表现积极，成为‘文革’后第一批获准去中国教书的学者。我们恋爱后准备结婚，但遭到当地政府的反对，因为当时的法律没有中外通婚的条例，更何况我还是学生。没办法，我们只好给邓小平写信，请求他批准我们结婚。”

苏珊听了很吃惊，问道：“什么？你们结婚还需要邓小平本人批准？这就好像是让总统批准平民的婚事。”

索罗斯对苏珊说：“这没有什么好奇怪的。当时中国还是一个封闭的社会。邓小平亲自批准他们的婚事，实际上是有政治意义的，这也是开放门户的一个信号。”

我连忙接着说：“对，我们的结婚太有政治含义了，婚礼是在湖南省会长沙市唯一的湘江宾馆举行，党和政府的各级领导人都来祝贺。婚礼大厅的墙上挂了一条红绸横幅，上面写着‘中美人民的友谊万岁’。”

索罗斯听了幽默地说：“当时我和苏姗的婚礼上，就应该挂一条写着

索罗斯和梁恒在家里的晚会上。

‘匈美人民的友谊万岁’的横幅。”苏珊听了哈哈大笑。

索罗斯和太太在一起时很轻松随和，也喜欢开玩笑。也许是索罗斯家里的仆人以中国人为多，他们夫妇很喜欢吃中国菜，几十年来，每周索罗斯家都会吃一两顿中国饭。后来索罗斯家里的大厨换了一位在美国颇有名气的法国厨子，但有重要客人为商谈中国事务而来时，索罗斯一定会让另一位中国厨子做中国菜招待客人。

索罗斯与苏珊结婚之前还有一段婚姻。1955年，初到美国不久的索罗斯遇到了德裔姑娘安娜丽丝，并于1961年结婚。随后，育有两儿一女。事业有了起色后，他们搬进了可以俯瞰中央公园的高档公寓，孩子也进入了昂贵的私立学校，家里雇有司机和女佣……但安娜丽丝从不穿名牌设计师的服饰，她乐于自己烹饪，索罗斯也喜欢品尝妻子的手艺。就是这样一个看上去其乐融融的家庭，却最终解体。索罗斯与安娜丽丝于1980年正式离婚。

此时的妻子苏珊是其二婚，苏珊比索罗斯小25岁。1983年他们在南汉普顿举行了婚礼。据说，婚礼上发生了很尴尬的事情。先是新郎索罗斯在婚礼上迟到了，因为打网球忘了时间。当牧师程式化地询问："你是否愿意将你的所有与妻子共享？"索罗斯却站在那里半晌没有回答。牧师愣住了，新娘更是一脸尴尬，所有人开始窃窃私语，目光都盯着索罗斯。突然，站在一旁的索罗斯的儿子半开玩笑地喊："如果那样，我要割喉自杀！"人们的目光一下子转移了方向，私人律师见机冲过去提醒索罗斯：放心，这样的承诺并没有法律效力。儿子的解围、律师的安慰，终于让索罗斯点了头，婚礼才得以继续进行。

索罗斯和苏珊结婚后常常奔波于世界各地，一年有6个月在外旅行。而苏珊更想拥有自己的空间，她把心血倾注在教育工作和养育两个儿子上。2004年，当两人的婚姻走到21个年头时，终于止步了。下面的部分对此有详细的叙述。

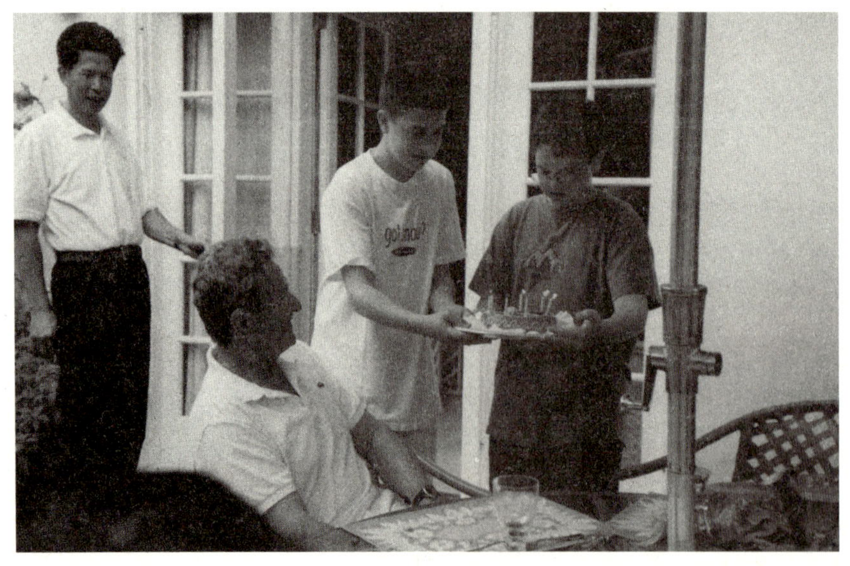

索罗斯的第四个和最小的孩子为他端上生日蛋糕。左站立者为厨师泰。

四、乔治、GS、哲王

吃完饭后，我们又回到客厅继续闲聊。我本能地绕过那张古雅木椅，在沙发椅子上坐好。索罗斯坐在大沙发上，苏珊躺在他的腿上，边玩他的手指边问：“乔治，你为什么称呼他‘梁’？”

索罗斯眉毛一挑，眼睛往上眨一眨，没答话。

“‘梁’是我的姓，‘恒’是我的名。”我说得很认真。

“我当然知道，我就是喜欢叫你‘梁’，”索罗斯说得比我更认真，“因为别人不会这样称呼你，不平凡的人当然应该有特殊的称呼。”

的确，索罗斯是第一个称呼我为“梁”的人。从他开始，直至今日，凡是和我很熟的人，都会随着索罗斯的习惯称呼我。

接着，我问索罗斯：“那我应该怎么称呼你呢？”

“乔治，”苏珊代答，“就叫他乔治，在公事往来时，可以简称GS。”

从称呼名字，我们谈到中国人和西方人怎么取名字，说着说着就扯到庄子、老子、孔子等圣贤的名字。说到这，我又向索罗斯夫妇简单扼要地讲了一下这几个人的思想。接着，索罗斯又扯到西方三位圣贤柏拉图、苏格拉底和亚里士多德。

“你们尽扯些枯燥乏味的哲学，我懒得听这些，我要睡觉去了。”苏珊累了，说完后站起来，和我们道声晚安便上楼去了。

客厅的挂钟敲了十下，索罗斯和我继续聊天。他问我：“你对我刚才提到的西方哲学家了解多少？”

“少之又少，”我说，“在大学上西方美学史课时，读过有关他们的介绍。我觉得柏拉图的精神恋爱观很有意思，也很欣赏苏格拉底对人的灵魂和道德的阐述，至于亚里士多德的哲王理念嘛，我的理解是，哲王是众王之王，哲王学，是最高的精英政治学。”

索罗斯说：“更吸引我，或者说影响我的是哲王的内心世界。这个世界很复杂、很矛盾，甚至很神秘，但也很自我、很宁静，”他说到这，脸上有一种自我陶醉的神态，停了一会儿，又轻声地说了一句，“我的梦想就是当哲王。”

“这个梦想是从什么时候开始有的？”

“青少年时有太多的梦想，但梦想成为哲王，是我进了英国伦敦经济学院时才有的。”

我念头一闪，话已出口：“我以后称呼你为‘哲王’，如何？”

索罗斯会心一笑，说：“我不会装着听不见。”

从这以后，只要是我们两人相处，我都称呼他“哲王”。

现在回想起来，我当时的理解还是有偏差的。的确，哲王是指富有智慧的统治者，类似中国的圣人智者。在中国历史上，通常都把智慧卓越之人叫做哲人，如诗经记载，多谋远虑之男子称之为哲夫，贤明之大臣称之为哲臣，贤明之君主称之为哲王等。

柏拉图在其理想国里就主张由这样的人来安排社会、统治国家。在这种国家里，每一个人都将被安排在他最合适的位置上，一切正确的观点都会得到倾听和采纳，一切错误的意见都会得到批评与纠正，一切努力都能得到报偿或升迁，所有的人都能充分发挥自己的作用并不断地被提升到更高的水平。这个社会是独裁的，但是你无须为此忧虑或愤慨，因为哲王所作出的一切决定都必然体现了整个国家和全体人民的最大利益。

不过，柏拉图的学生亚里士多德不同意老师的意见，他主张与其把治权寄托在一个人或一小批好人身上，不如交给多数平民，这样无须假设一个圣主的存在。亚里士多德有句名言：吾爱吾师，但吾更爱真理。

显然，柏拉图和亚里士多德的区别在于，柏拉图总是关心建立一种最完美的社会模式而不顾它的现实可能性，亚里士多德则力主从实际出发，建立一种有较多优点和较少积弊的制度。

索罗斯一生追求自由开放的社会，并非真的有帝王思想，其所谓想当哲王，其实只是想做一个顶级聪明的哲人罢了。

夜已经很深了，索罗斯没有睡意，还想接着谈下去。他带我上楼去他的书房。我进去一看，确实如他所说，他自己的书房装饰得非常现代、简单，而且很舒服。

“我找一本书给你看。”索罗斯说，然后打开书柜找书。我坐在他的书桌前，快速地扫视书桌上的几堆书，太令我吃惊了，他在读马克思、恩格斯、黑格尔、罗素等人的书。

我笑着问：“资本家也对马克思、恩格斯有兴趣？”

索罗斯边找书边答：“他们都是影响了人类历史发展的人，不看行吗？”

“看完了吗？”

“不会一下子看完的。”

我注意到，索罗斯也在读小说。他书桌上堆放的几本小说中还包括了诺贝尔文学奖获得者、日本作家川端康成的《雪国》。

我拿起《雪国》翻了翻，问道：“你怎么也喜欢《雪国》？”

索罗斯找到了书，转过身来对我笑着说：“几年前，我去日本出差，日本商人请我在一家会馆吃饭。所有的酒水和食物都摆在一位裸体躺着的艺伎身上。从那以后，我开始想了解艺伎。《雪国》对这类女性有非常精确优美的描写。”

“《雪国》确实写得好，我已经读过很多遍了。”我掩饰不住自己对川端康成的喜爱。

“梁，这是我在英国伦敦经济学院的哲学导师、卡尔·波普尔教授的名著《开放社会及其敌人》。你有时间可以读一读，”索罗斯把书递给我，接着说，“我讲一个故事给你听。我读完这本书后，去找波普尔教授汇报读书心得。他听完我对这本书的学习感想后，很兴奋地问我：‘你是美国来的留学生吗？’我回答：‘不，我是从匈牙利来的。’波普尔教授听了我的回答非常失望，深深地叹了一口长气。”

“在苏联式的政党国家长大的人，看得懂这本书是不足为奇的。”我说。我明白波普尔教授为什么会对索罗斯的回答非常失望。

索罗斯笑着点点头，说：“正是，正是。”

索罗斯在书桌后面的椅子上坐下，精神振奋，高兴地和我谈起他的哲学思想。柔和的台灯照着来自异国他乡的一老一少。我细心听他说话，心里觉得他很孤独。就好像有时候，我从莫扎特欢快的音乐旋律中听到了丝丝凄凉。我相信，他会常常在夜阑人静时，独自一人坐在这里，苦苦思考那些抽象的问题。很多年以后，我才真正了解到，哲学是他生命中最重要的东西。

在这种氛围里，我恍惚觉得自己是和一位哲学教授在一起，忍不住问他：“哲王，我可以记下你说的话吗？”

索罗斯耸了一下肩，笑着说：“当然可以。”

我伸手从桌上拿取纸和笔，索罗斯滔滔不绝地说下去。

他说：“首先，客观世界是存在的，人也是其中的一部分，但人可以通过自己的行动去影响或改变世界；其次，人对现实的了解天生就不完全，因此，犯错是人的天性。既然人有犯错的天性，那些所谓被人总结出来的客观规律就是不真实的。在这两个前提下，任何人都不能控制历史进程。历史既不是由人的理念决定，也不是被某种客观规律所左右，而是在人的偏见和现实之间，相互影响和作用的过程。”

他继续说：“人的认识有缺陷，因此，人的社会也是不完美的。如果人能有批判性思维，就可以避免少犯错误；同样，正因为社会不完美，人才有可能去改变它，让它更加完美。”

说到这，索罗斯停顿了一会儿，口气略微严肃地说：“我不仅用这些思想去指导自己的金融投资活动，而且这些思想也是我建立开放社会基金会的基本原则。”

我当时并不知道索罗斯是怎样用这些思想在金融市场中投资获利的，但是，我受到了他的这一席话的启示，就好像在研究生院听教授讲课一样，马上在纸上写了一句听课感想，然后等他说完，对他说：“哲王，这句话是我的心得：在这个世界上，没有任何人能够垄断真理，而只有接近真理的可能性。”

索罗斯说：“我同意。”

太晚了，我起身告辞。索罗斯坚持要送我乘电梯到楼下。分手时，我告诉他，我决定担任他的中国顾问，另外，我正在设计一个支持中国改革开放的方案，但还不成熟。索罗斯像第一次和我见面时那样，和蔼地拍拍我的肩膀，说：“我有耐心等。”

没想到我第一次到索罗斯的书房，就跟他上了一堂哲学课。在以后的岁月里，我才慢慢了解到，原来索罗斯并不是一个纯粹的生意人。索罗斯成名后，给自己下的定义是：金融家、慈善家、哲学家。其实，他更愿意把自己当作哲学家。外人绝不会想到这位叱咤风云的金融奇才，会在自己的生活中花大量的时间去探索哲学的问题，因为对索罗斯来说，哲学不是个人的兴趣和爱好，而是他一生追求的志向。他的哲学生涯早于他的金融投资事业，而且从来没有放弃过。在我和他相处的时间里，听他谈得最多的还是哲学和政治的话题。用他自己的话来说，哲学是一切事物的根本，有了哲学的认知，对任何事物就能通过现象看本质。他常常跟我说，如果一个学生进修了哲学课后，再去学习金融，这个学生将来肯定会有大出息，因为有哲学背景的金融投资人，对市场的看法会与他人完全不一样。

五、让他付钱

1984年圣诞节前的一个晚上，索罗斯夫妇邀请我和夏竹丽去看芭蕾舞剧《天鹅湖》。夏竹丽高兴极了，她从小到大就酷爱芭蕾，不管在哪里生活，只要条件允许，有空一定会去上芭蕾舞课。此时，她格外兴奋，因为这场《天鹅湖》的男主角是苏联最伟大的芭蕾舞演员，他在美国巡回演出时，拒绝返回苏联，留在美国开始自己新的艺术生涯。

这件事发生在1979年8月下旬，苏联莫斯科大剧院芭蕾舞团正在纽约访问演出的时候，著名男演员亚历山大·戈杜诺夫于8月22日向美国有关当局提出了政治避难的要求。随后又有两个主要演员于9月17日要求在美国政治避难，他们是列昂尼德·科斯洛夫和他的妻子瓦连季娜·科斯洛娃。这是在不到一个月的时间里，在这个芭蕾舞团中发生的第二次主要演员要求在美国政治避难的事件，一时引起轰动。

舞剧真是非常精彩。索罗斯和我正襟危坐，凝神欣赏优美的表演，苏珊和夏竹丽被剧情所感动，时而暗泣。演出结束后，索罗斯夫妇带着夏竹丽和我去后台，和男女主角见面握手，祝贺他们演出成功。苏珊低声对我说，索罗斯是这个美国芭蕾舞剧团的长期赞助者。

出了剧院，夏竹丽仍然沉浸在幸福之中，手舞足蹈，好像喝醉了酒似的。我肚子饿极了，向大家提议去吃点东西。已经差不多十点了，我们在剧院附近找了一家意大利餐厅吃宵夜。大家进了餐厅坐下来，边点东西，边议论刚才所看的芭蕾舞剧。

夏竹丽掩饰不住对男主角的钟爱，激动地说："这位芭蕾舞天才留在美国发展是一个正确的选择。"

索罗斯说："一般来说，不管是苏联来的艺术家，还是其他国家来的，在美国都会发展得很好。"

苏珊问："为什么？"

索罗斯回答："自由是艺术的土壤。"

"流亡到美国的持不同政见者就很难发展吗？"夏竹丽很机智地向索罗斯提了一个敏感的问题。

"不自由才是持不同政见者的土壤，"索罗斯回答问题的神气有点严肃，"你看看，索尔仁尼琴到了美国又有什么作为？但萨哈罗夫就不一样，他坚持留在苏联，尽管被长期拘禁。"

我知道索尔仁尼琴是苏联著名作家，也是诺贝尔文学奖获得者；萨哈罗夫是物理学家，后来也被授予诺贝尔和平奖。有意思的是，我刚刚读完索尔仁尼琴的长篇小说《古拉格群岛》三部曲。

"索尔仁尼琴和萨哈罗夫都被西方誉为知识分子的良心。不同的是，萨哈罗夫是黑暗中的一盏很微弱的灯，但总是在闪亮。索尔仁尼琴却相反，在光明的地方，他是明灯也等于灭了，"索罗斯很有兴趣地说下去，"我可以预测，索尔仁尼琴在美国佛蒙特州的原始森林里隐居后，不会再写出好的作品。更让人遗憾的是，他一直是美苏冷战中的一枚棋子，任人摆布，这是很悲哀的。"

"我刚读完他的《古拉格群岛》三部曲，我很喜欢，"我插了一句嘴，"他的作品的确是人类良心对黑暗势力的审判。"

索罗斯"嗯"了一声，接着说："伟大的文学作品都能留传百世，我一点也不怀疑他的文学地位。我只是指出他在政治上的悲剧性。"

只有理解苏联这两位伟人的曲折身世，读者才能深刻理解索罗斯说的这番话。

索尔仁尼琴这位被誉为“俄罗斯的良心”的世界著名作家，一生坎坷。年轻时因为在与朋友的通信中对斯大林有不敬之词，“二战”结束之后他在苏联监狱中度过8年，接着又被流放到哈萨克斯坦。1957年他恢复名誉，定居梁赞市担任数学老师。1962年他发表苏联文学中第一部描写斯大林时代劳改营的作品、中篇小说《伊凡·杰尼索维奇的一天》，引起轰动并受到赫鲁晓夫的赏识。

但是随着赫鲁晓夫下台，小说遭到公开批判。此后他所写的长篇小说《癌症病房》和《第一圈》都无法在苏联出版，只能在其他欧洲国家发表。1967年他在苏联第四次作家代表大会上散发公开信，抗议苏联的报刊检查制度，要求“取消对文艺创作的一切公开的和秘密的检查”。1969年他被苏联作协开除会籍。1970年10月索尔仁尼琴因为“在追求俄罗斯文学不可缺少的传统时所具有的道德力量”而获诺贝尔文学奖。1974年因叛国罪被捕，并被驱逐出境。他先后旅居联邦德国和瑞士，1976年迁往美国。1994年在当时的俄罗斯总统叶利钦的邀请下索尔仁尼琴回到祖国。

索尔仁尼琴前后有20年时间被迫在国外漂泊。

而萨哈罗夫，也经历不凡。他曾主导苏联第一枚氢弹的研发，被称为“苏联氢弹之父”。但从20世纪60年代开始，他活跃于政坛，反对核武器扩散，不讨政府喜欢，到70年代创立莫斯科人权委员会，受到政府压制。在1975年获得诺贝尔和平奖时，被苏联当局禁止离境领奖。1980年年初，他因为示威抗议苏联入侵阿富汗而被捕，随后他被流放到一个保密行政区高尔基，即现在的下诺夫哥罗德。1980—1986年，萨哈罗夫受到苏联秘密警察的严密监视，在他的回忆录中声称自己在高尔基的寓所经常被搜查和抢掠。到1986年，米哈伊尔·戈尔巴乔夫实施重建和开放的政策时，萨哈罗夫才被释放。1989年3月，萨哈罗夫当选为苏联人民代表大会的成员，成为民主改革势力的领导者之一。该年年底因病去世。

也许是谈的话题很有意思，大家都快吃完了，索罗斯要了一杯加冰块的威士忌，继续兴致勃勃地闲聊。从这以后，我发现，索罗斯凡是在晚上很高兴、心情放松时，一定要喝一杯加冰块的威士忌。

饭吃完了，侍者把账单送过来。我随手一接，准备付钱，低头一看，好家伙，一餐饭吃了差不多120美元。我从裤袋里掏出一叠现金，一张一张地数着。

“梁，你疯了，”苏珊嚷道，“和乔治出来吃饭还要你付钱？”

“这又怎么样？你们请我们看芭蕾舞剧，我们请你们吃饭，这不是很好吗？”我笑着说，不懂苏珊是什么意思。

“你简直是太愚蠢了，”夏竹丽很不高兴地瞪我一眼，把苏珊的意思给我解释得一清二楚，“乔治是亿万富翁，你是穷作家，你和他在一起吃饭，根本没有必要付一分钱，懂吗？”

夏竹丽的解释让我很不舒服。请朋友吃一餐饭，想那么多干什么。我不理会她的话，慢慢地把现金数好，加上小费，一起交给站在身边的侍应者。

“梁恒，我告诉你，我不会原谅你的愚蠢。”夏竹丽生气了，当着索罗斯夫妇的面对我隔桌大喊了一句。

“让他付钱，”索罗斯笑着说，并抬手在夏竹丽面前轻轻地示意一下，让她息怒，“梁是一个很特别的人，就让他做特别的事吧。”

索罗斯的意思我心领神会，他觉得我把他当作普通人对待，心里自然喜悦。但我的确没有想那么多，我是在江湖惯了，随兴而已。

“什么特别？简直就是稀里糊涂的人，”夏竹丽借这件事，向索罗斯夫妇开始告我的状了，“他把我们家当作所谓的‘孟尝君府’。什么人都能来，来了都能住，在客房睡、沙发上睡，人多了就在地板上开地铺睡，而且还管吃管喝。”

我向索罗斯夫妇解释中国古人孟尝君养士的故事，索罗斯听了开玩笑说：“那你们家就成了中国知识分子俱乐部了。”

“对，来的人差不多都是中国内地的艺术家、作家、画家、留学生、访问学者，也有从台湾来的作家、艺术家、坐过牢的政治犯，什么人都有，很热闹。”我说这话时，带有几分得意。

夏竹丽正在气头上，大发牢骚：“我简直快受不了啦，他的一个湖南老乡杨小凯，在我们家召开会议，筹备成立中国来美国学经济的学生学者协会。会后，梁恒请他们吃饭，二十几个人的饭钱都由他一个人付。”

我反驳夏竹丽说：“人家都是穷留学生，生活很不容易。”

“你自己也是一个穷作家，现在是坐吃山空，等你把写书的钱都吃光了，看你怎么活！”夏竹丽还在说我的不是。

索罗斯夫妇笑嘻嘻地听着，没有说一句话，直到夏竹丽平静下来。

“乔治，你应该劝劝他，这样下去会影响我们的婚姻。”夏竹丽转向索罗斯，寻求他的帮助。

因为梁恒把索罗斯当作普通人对待，这让索罗斯喜悦，两人的情谊也得以延续至今。

夏竹丽其实早就跟我说过，我的生活方式和待人接物的习惯，会影响我们的婚姻。我只是觉得事情没有她说的那样严重，因此也就不把她的话当回事。

“竹丽，恕我直言，梁是本性难改。我认为，如果他拿你的钱给别人花，那肯定不对。”索罗斯说得很诚恳。

“那倒没有，我们的钱是分开的。”夏竹丽说的是实话。

索罗斯直言不讳地说：“既然这样，问题就简单了。他的存款越来越少让你不舒服，这我可以理解。不过，我认为你真正不舒服的，是他把很大一部分关爱给了他的朋友，你对此嫉妒。”

夏竹丽很吃惊地问：“我嫉妒？”

索罗斯回答：“对，你嫉妒。”

夏竹丽说：“作为他的太太，我嫉妒也是很正常的。”

“我不是说这种嫉妒是对还是错，只是提出这个问题，”索罗斯扶着苏珊站起来，笑着对夏竹丽说，“你是一个很聪明的人，不会听老生常谈的话，很抱歉，我说出这点也许会让你不高兴。”

“不会的，但如果他以后和你吃饭再付钱，我还是会不高兴的。”夏竹丽虽然嘴硬，但语气已经软多了。

索罗斯微笑着，轻声对夏竹丽说：“我想告诉你，自从我在华尔街成功后，从来没有人和我吃饭买过单，梁是第一人。你就让我高兴一次吧，不要再责怪他了，好吗？”

“反正别让我看见，看见肯定会生气。”夏竹丽说完，最后也笑了。

索罗斯对索尔仁尼琴的评价，是他对所有滞留在西方的持不同政见者的看法。他认为，凡是脱离了自己的祖国，在西方国家搞反政府活动的人，可以享受言论自由，但对遥远的祖国没有什么意义，也产生不了什么影响。索罗斯的这个观点一直贯穿在他的慈善事业中，他从来都不会给流亡在西方的持不同政见者提供资助。有时候，那些来自不同国家的流亡者也会主动找上门来寻求帮助，他会很认真地听取他们的经验和想法，但会见结束时，他一定会很坦率地告诉对方自己的观点，并婉言拒绝为他们提供金钱在西方搞政治活动。

六、捕捉历史的机会

在“文革”中，杨小凯因为写了一篇轰动全国的文章《中国向何处去？》，被扣上反革命罪名，判刑入狱，坐了10年牢。他蹲的牢房里也关押了几个国民党统治时期的知识精英。只读了中学的他以狱友为师，学习了英语、机械、经济和数学。1979年“四人帮”倒台后，他被释放出狱。随后他仅在湖南大学数学系旁听了一年课程，随即于1980年考取了中国社科院的研究生，学习两年毕业后到武汉大学任教，教授数理经济学课程。期间，著述并出版了《数理经济学基础》和《经济控制理论》两本著作。

过了不久，美国普林斯顿大学的华裔经济学教授邹至庄先生，在为本校的福特基金会中美学术交流项目，去中国挑选留学生时，读到杨小凯的论文，很有印象，他向当时的中央领导人推荐了这位经历不凡的青年才俊。在邹至庄教授推荐和有关部门的安排下，杨小凯有幸到了普林斯顿大学留学。

应该说，邹至庄教授的确很有眼光。杨小凯在美国普林斯顿大学深造期间，因学业优异，于1988年被授予博士学位，1990年被澳大利亚莫纳什大学聘为终身教授。1993年当选澳大利亚社会科学院院士。杨小凯曾经被两次提名诺贝尔经济学奖（2002年和2003年）。

只可惜，2004年杨小凯因患肺癌去世，终年56岁。

学界公认他的贡献之一是，为以亚当·斯密为代表的古典经济学关于劳动分工是经济发展和增长的原动力这一伟大洞见，提供了微观机制和数学框架；另一个伟大成就是成功地创立了一个挑战新古典经济学的崭新学派——“新兴古典经济学”，又称“超边际经济学”。

在他离世后，连一向自负的经济学怪才张五常都由衷感叹：“只有上帝知道，如果小凯没有坐牢十年，老早就有像我那种求学的际遇，他在经济学的成就会是怎样的，拿个诺贝尔奖不会困难吧。”

的确，如果不是英年早逝，杨小凯问鼎诺贝尔经济学奖当有机会。只可惜天妒英才，诺贝尔奖也不授已故者。

当然，这是后话。那时候，老乡见老乡，两眼泪汪汪。我在纽约的家就成了杨小凯的老乡店，他每隔几天就会从学校上我家来聊天，给我讲了很多曾经在监狱里的经历。他也告诉我，中国正在发生深刻的变化。

那段时间，我正在思考如何带领索罗斯为中国的改革开放作点贡献。我认真阅读了索罗斯匈牙利基金会的全部资料后，借用这个模式，制定了一个类似的中国基金会的方案。

有天下午，杨小凯到我家来玩。我和他谈了索罗斯的情况，并把我对开放社会的理解、我和索罗斯想在中国做事的心愿，以及我设计的中国基金会的模式，详细解释给他听。

“识时务者也，”杨小凯听了后，鼓励我，“你的选择是对的。索罗斯是一个很好的杠杆，借他之力，你可以在中国做很多事。”

我说：“我有点担心，1979年，我在湖南长沙读大学时，参加过学生民主活动，肯定有人不喜欢我。”

杨小凯说：“忍辱负重是我们这一类人的性格。我了解你，‘担心’这两个字在你心里只会存在十几秒而已。让我们来讨论一下，怎么找一个切入点吧。”

接着，杨小凯向我描述了主管经济的领导人主政的一些情况。他特别提到了这位领导人的秘书，还把秘书的电话号码给了我。他还建议我去北京

梁恒与杨小凯（左）合影。

时，先去找一个叫何维凌的人，他说此人神通广大，活动能力强，说服了他，也就等于进了改革派的门槛。

坐而思，起而行。我和杨小凯谋划好后，已是晚上十点，我立刻行动，马上给索罗斯打电话。我说："哲王，我要见你。"索罗斯说："过来吧。"

我家在西边，索罗斯家在东边，中间隔了中央公园。从我家走到他家只需要一刻钟。中央公园的晚上阴森恐怖，很少有人去。我没有丝毫胆怯，迈着快步，穿过公园，直奔索罗斯家。等我到了他家，他已经坐在书房了。我抑制住激动，对他说："告诉你一个好消息，我已经把支持中国改革开放的方案初步设计好了，现在可以去投石问路了。"

索罗斯听了我的话，明显受到刺激，满脸微笑，自己下楼去客厅酒吧，倒了一杯加冰块的威士忌，然后上来坐好，喝着酒，一声不吭，听我讲方案。

我说，主管经济改革的领导人对市场经济很感兴趣，让自己的助手召集了一批思想敏锐、聪明能干的青年经济学家，专门探讨经济改革所面临的问题。国务院专门成立了体改委，其属下的经济体制改革研究所（简称“体改所”）通过这位领导人的秘书，定期向中央递交有关经济改革的建议和方案。

接着，我向索罗斯陈述成立中国基金会的构想。我从组织的宗旨和结构，到资助的范围，给他做了详尽的解释，并且告诉他，我已经决定马上去中国，直接和改革设计者们对话、交朋友，共同探讨成立中国基金会的可能性。

索罗斯放下酒杯，把左手大拇指放在嘴边轻轻咬着。书房里安静极了，我能听见他咬指甲的声音。后来，我发现这是他思考问题时的一种习惯。在20多年的岁月里，每次我看他私下听别人说话时，从不插嘴，只是静静地咬着自己的大拇指。

“这是一个很好的开始，”索罗斯终于说话了，“但千万要小心谨慎，很多困难并不是我们现在能想到的。”

我记住了索罗斯的提醒，两天后就启程了。夏竹丽和我同行，我们除了去中国寻找建立基金会的可能性之外，也计划从南到北走一趟，到社会的基层去了解普通老百姓的生活变化。

到了北京的第二天，我就去了何维凌家。正如杨小凯所说，此人精力充沛，很有交际能力，说了几句话就和我熟了。他对我比较坦诚。他说，他们这批青年经济学家的处境和地位，用一句话来概括：既可通天，又遭攻击。

我给何维凌介绍了索罗斯的情况，并告诉他，为了帮助中国的改革开放，我们想在北京成立一个基金会，希望得到改革者们的支持。他听完我的话，两眼发亮，马上说：“请你在酒店等我的通知。”

第二天傍晚，何维凌来电话，让我跟他去主管经济的领导人的外事秘书家谈事。等我俩进了秘书家，他介绍我和主人认识后就告辞了。

尽管只是初步的接触，热情干练的何维凌还是给我留下了很好的印象。

后来听说他是北大毕业，在北大读书时与邓小平的儿子邓朴方是同班同学，而且是同一宿舍的上下铺。“文革”期间，与同学合写“共产主义青年学会宣言”，被打成反革命，坐了两年牢。周培源当北大校长后，安排他在化学系当教师。他还是20世纪70年代末80年代初著名的中国农村发展问题研究组领军人物之一，也是那个时期影响深远的《走向未来》的编委。1986年，何维凌到约翰霍普金斯大学国际关系学院做访问学者。1991年和新婚太太为筹办一个大型中国商品展，去了墨西哥，期间遭遇车祸丧生，同车遇难的还有他不满30岁的妻子。

斯人已去，遥想当年，言谈举止音容笑貌，仍历历在目。

初次见面，外事秘书给我的印象就是一位很腼腆的书生。他年轻、英俊、内向、和气。我们彼此寒暄了一阵，开始进入话题。

首先，我告诉他，索罗斯是何许人也。我说，这位犹太裔美国富豪出生在匈牙利的布达佩斯，在德国纳粹占领下，13岁时死里逃生，存活下来。在第二次世界大战结束后，苏联控制了匈牙利，他17岁去了英国伦敦，进入伦敦经济学院学习经济和哲学。50年代中期，他只身到了美国纽约，在华尔街开始金融投资活动，现在已经成为非常成功富有的金融家。1979年，他在自己的祖国建立了基金会，提供了数以百计的奖学金学位，让东欧的学者和知识精英到西方学习。

说到这，我又把想在中国建立类似基金会的构想，解释给秘书听。最后，我说：“这也许是中国改革开放的一个大胆尝试，我非常盼望我们可以捕捉住历史的机遇。”

这次是我离开中国5年后第一次回国。我和夏竹丽历尽艰辛，花了差不多3个月的时间，去了很多地方，包括当时不对外国人开放的地区，接触了各种各样的人，最后，我们把这次旅行观感写成了一本书，名为《恶梦以后》。

当然，我们的中国之行最大的收获，是在回美国之前，主管经济的领导人秘书让何维凌转告我：他们反复研究讨论了我方的想法，对我所提的成立中国基金会的构想很有兴趣，愿意合作。我回美国后，可以告诉索罗斯，中方希望马上把此事列入日程，开始行动。

其实索罗斯从来都是和有实权的人打交道，他知道在中国建立基金会，没有政府的支持是不可能的。但他和政府合作时又特别小心谨慎，不愿意被政府所控制。他认为最理想的状况是，既得到政府的认可，又能独立行事。因此，他很兴奋地让我去中国与那些坚定的改革人士合作，但又很严肃地提醒我，要对困难做好心理准备。从索罗斯做事的风格来看，他一般是先找机会切入某件事，然后在事情进行的过程中去修正和调整自己，几乎很少按所谓的计划去行事。

七、记住，不要告诉他

我回到美国后，第二天上午就去索罗斯家向他汇报。索罗斯正好在洗澡，他迫不及待地把我喊进浴室，请我坐在椅子上，自己裸身泡在浴池里，一点也不介意，认真听我的汇报。我刚说完，他从浴池里走出来，浑身是水，一丝不挂，说："给我电话。"我递过电话，帮他披上浴袍。他给自己的律师打电话，让他马上过来开会，然后对我说："你要尽快完成注册手续，开好银行账号。从今天起，你用苏珊的书房做基金会临时办公室，你现在可以去工作了。"

我说："我的时差还没有倒过来呢。"

索罗斯笑着说："没关系，困了就在客房睡觉。"

我们的工作马上开始了。律师过来后，索罗斯把他带到苏珊的书房，让我把在中国成立基金会的方案和中方对此事的决定，转述给律师听，并请他从法律的角度提出问题。律师很熟悉注册非营利组织的法律程序，他说只要做好必要的文件准备，马上就能获得批准。当然，他要知道，我们怎么给基金会取名。索罗斯望着我，等待我的想法。我沉思了很久，没有想出来。

律师自己想了一个名字："开放社会基金会——中国分会"。他解释说："开放社会基金会是总会，匈牙利、中国，将来可能在不同的国家成立的基金会都是分会。”我听了摇摇头，索罗斯咬着大拇指也摇摇头。

“我的开放社会基金会，将来会是一个全球性的慈善机构，这点是很清楚的，”索罗斯停顿一下，缓慢地说道，“我希望在不同的国家和地区将要建立的那些基金会，都应该为当地人服务，由当地人管理，根据当地社会的实际情况去生存和发展。”

索罗斯的话启发了我的思路，我自言自语：“中国现在的实际情况就是改革开放，”突然，我有了灵感，大声说道，“就叫中国改革与开放基金会吧。”

律师质疑：“名字是不是太长？”

“长就长点，”索罗斯听了这个名字很高兴，说，“新鲜、独特，就用它。”

律师走后，索罗斯对杨小凯很有兴趣，让我讲讲他的故事。我讲完后，他说想见见这位帮助我们进入中国的人。我当着索罗斯的面，给杨小凯打电话，请他马上来纽约。

第二天下午，杨小凯到了我家，我把去中国的情况详细讲给他听，没想到他对我所说的情况反应很平淡。过了一会儿，我明白了他为什么心不在焉。

杨小凯说，他的博士学位还需要几年才能完成，福特基金会给他的资助快结束了，他必须赶紧想办法，从其他地方得到奖学金。他为了争取申请到奖学金，专门写了一篇经济学论文。“从其他基金会获得奖学金，申请者的论文水平很重要，”他从书包中取出一份论文递给我，说，“我花了很多心血写这篇论文，实话告诉你，我以后的博士论文将会以这篇文章为基础。”

我翻了翻杨小凯的论文，大概有30多页。我看不懂，对他说：“对不起，这不是我的专业范围。”

“我当然知道你看不懂。”杨小凯笑了笑，说，“我只想请你跟索罗斯强调，这篇论文对我的学习和生活的重要性，劝他给我奖学金。”

我心想，这点小事，举手之劳，连忙说：“没问题。”我看看表，时间不早了，马上带杨小凯去索罗斯家吃晚饭。

这餐饭完全是杨小凯的个人表演。索罗斯对他很热情，吃饭时，非常专注地听他讲自己在“文革”时的悲惨遭遇。饭后，索罗斯和杨小凯继续聊天，我坐在旁边听。他们从经济学方面的问题又转到政治和哲学。幸亏苏珊不在家，要不然这对她又是一个难以忍受的枯燥之夜。

谈话结束后，杨小凯去卫生间时，我告诉索罗斯，他的客人很希望能够得到他的资助。我说：“哲王，奖学金对他太重要了，请你帮他一把。”

索罗斯笑笑没说话，低头翻阅杨小凯的论文。

我们走进电梯时，杨小凯对索罗斯开玩笑说：“如果哪天我因为这篇论文得了诺贝尔经济学奖，你是我的第一位评委。”

在电梯门关上之前，索罗斯微微一笑，说：“那是我的荣幸。”

第二天清晨六点半，我被电话铃声吵醒，索罗斯在电话里对我说：“梁，你带杨小凯上我家来吃早餐，我有话跟他说。”

我强迫自己打起精神穿好衣服，走到客房把杨小凯叫醒，对他说：“快起来，我们去索罗斯家吃早餐，他正在等我们。”

到了索罗斯家后，我直接带杨小凯去专门吃早餐的小餐厅。一进门，吓了我一跳，索罗斯穿着睡衣，蓬头垢面，两眼浮肿，脸色凝重，手里拿了杨小凯的论文，示意我俩坐下。他开门见山，对杨小凯说：“我昨晚几乎没睡，从头到尾把你的论文看完了。为了不让自己对你的论文有偏见，我看完休息，休息完又看，看了两遍。我现在想对你说，这是一篇很糟糕的论文。”索罗斯说完后，如释重负地把杨小凯的论文轻轻放在桌上，慢慢地推移到他的身前，然后，一声不响地低着头吃早餐。

“你凭什么这样说，”杨小凯的脸涨得发紫，说话的声音含有怒气，“这是我的心血，懂吗？”

索罗斯放下刀叉，端起咖啡，很冷静地说：“我当然知道它是你的心血，可是我不能隐瞒自己的看法。第一，思路混乱，观点自相矛盾，逻辑不严密；第二，文字晦涩，语意不清。反正我读时，既不享受，也得不出所以然。”

杨小凯可不是泛泛之辈，受到索罗斯如此严厉尖锐的批评，竟然能够神回气返，马上稳定自己的情绪，也不继续争辩，端起咖啡慢慢喝着。他的神态让我佩服得五体投地。“蹲过监狱的政治犯就是不一样。”我心里感慨一声，拿起刀叉吃早餐。

“索罗斯先生，谢谢你的批评。”杨小凯尴尬地笑着说了一句，拿好论文，站起来，语气很平常地和索罗斯说再见。

“你没有任何想说的？”索罗斯疑惑不解，为什么这位年轻的经济学者没有和他争辩一句，就要告别而去。

“以后再说。”杨小凯离开餐厅，独自穿过客厅往电梯门走去。我打破冷场，对索罗斯说：“别介意，他就是这种性格的人。”说完，追上杨小凯，轻声劝了他两句，和他一道离开了索罗斯的家。

事隔三天，索罗斯收到了杨小凯的一封信，他看完后，把我叫进他的书房，没说话，把信递给我，让我自己看。信的内容已经不是那位镇定自如的杨小凯在说话了。全信炮声隆隆，猛炸索罗斯，最厉害的一段话是这样说的：“……你不要以为自己有钱，就可以随便仗势说话，侮辱我论文的学术价值。我告诉你，我不稀罕你的钱……”

我问索罗斯：“怎么办？”

“没有必要回信，”索罗斯面无表情，声音冷淡，“不过，我还是决定给他奖学金。记住，不要告诉他。”

“知道了。”我说。

不久，我按照索罗斯的意思，让他的律师通过别的渠道，把奖学金给了杨小凯。我恪守承诺，从来没有告诉杨小凯此事的真相。

杨小凯是当代中国著名的经济学家，他在改革开放初期就提出了股份制的构想，并孜孜不倦地鼓吹在中国实行经济私有制。杨小凯个人在“文革”时期遭遇的苦难经历，以及他在经济理论上提出的许多备受争议的观点，使他赢得了从“文革”过来的一代知识分子的敬重，同时也得到西方许多经济学家的激赏。索罗斯对杨小凯的经济论文提出批评，而且言辞相当犀利，但他并没有因为杨小凯写信骂他而恼怒，反而悄然无声地暗中帮他，这种胸怀实在令人钦敬。我后来让索罗斯的律师把钱给了杨小凯所在的学校，校方以奖学金的形式给了杨小凯。杨小凯并不知道奖学金的真正来源，索罗斯也没再提这件事。我后来才知道，索罗斯非常尊重一个人时，才会对那个人直截了当地批评，而且他也不是第一次这样暗中帮助自己尊重的人。

索罗斯与中国学者合影。

八、中国课

我们马上就要去参与中国的改革开放了，我必须尽快地让索罗斯了解和熟悉中国。我和索罗斯这一段时间几乎是天天见面。自从我答应索罗斯担任他的中国顾问后，我已经为他准备了一个学习计划。

我现在每天都会去索罗斯家吃晚饭。我和夏竹丽的饮食习惯不同，她是素食主义者。我到美国后，基本上每天都是在学校的餐厅，或外面的中国餐馆吃好了才回家。认识索罗斯后，我很高兴随时可以去他家吃饭了。

吃饭重要，学习也重要。首先，我为索罗斯买来了《庄子》、《老子》、《孔子》、《孟子》、《孙子》等著作的英文译本。我把这些圣贤书放在他的床头柜上。我告诉他，这些书最好是偶然读一读，慢慢读。一句话，读书讲缘分，想读时就读一点，随意而翻，随兴而看。

我除了让索罗斯读经典作品之外，还专门给他讲各种各样的中国故事。他越听越有味，我越讲越来劲。我俩在不同的场合、不同的时间开故事会。在卧室里，他穿着浴袍躺在床头仰着听，我坐在床尾盘腿说。吃饭时，他会把我讲的故事转述给苏珊或客人们听，忘记了的部分，他会对我一笑，手一指，说："梁，你接着说。"

有一次，基辛格来吃饭，索罗斯给他讲孙悟空的故事。索罗斯说，不管孙悟空本事有多大，也跳不出如来佛的手掌。基辛格听了哈哈大笑。索罗斯开了他一句玩笑，说："你的咨询公司应该有为客户提供中国故事的服务。"

去中央公园散步是讲故事的最佳时间。有时候，索罗斯午觉醒来并不去公司，而是让我陪他到公园散步，坐在树荫下的长椅上安静地听我讲故事。我也不知道自己怎么有那么多故事，都是从小到大听人说的，或是自己亲身经历的，还有从书本上看来的，真是无奇不有，五花八门。

说实话，我真是要感谢《西游记》、《三国演义》、《水浒传》、《七侠五义》等作品的中国古代作家们，让我的童年有丰富的幻想，也要感谢我生长的年代是那样疯狂、动荡，使我的生活充满危险和刺激。当然，更要感谢中华民族的历史太辉煌了，各朝各代的每一个经典故事都是智慧的结晶。

我对帮助索罗斯学习中国的计划，唯一觉得遗憾的，就是没法让他感受到唐诗宋词的优美。我试过翻译李白、杜甫、孟浩然、王维、柳宗元的几首诗给他听，他听了摇摇头，找不到感觉。我也把柳永、苏东坡等人的词翻译给他听，他说："这些诗词表达的是特殊的情怀、特别的意境，但被翻译后索然无味。我宁愿安静坐着欣赏一幅中国山水画。"

听来听去，索罗斯最感兴趣的还是中国的历史故事。在夏天来临之前，我已经给索罗斯讲了很多历史故事。他对一些故事不仅能够领略其中的奥妙，记住不忘，而且还可以在和别人交谈时运用自如。有一次，我们在公园散步，他把听了中国历史故事后的认识告诉我："在我看来，中国文化的内涵是历史、哲学、文学，历史尤其为重。"他的这种认识真的很难得，而且一直伴随他到老。

夏天的周末，我们会去索罗斯的海边别墅度假。在这些日子里，我跟他讲得最多的是国共之间的恩恩怨怨。我从年轻时期的毛泽东以天下为己任，胸怀大志，锻炼身体，然后投身革命讲起，一直讲到共产党得天下。索罗斯很高兴他自己和毛泽东一样最爱游泳。自从听了少年毛泽东游湘江的故事后，每次我们去游泳，在岸边准备冲入海浪的前一刻，索罗斯都会开玩笑地高喊："向毛学习！"然后，纵身一跳，跃入高耸的波涛中。

在听我讲国共两党的历史故事时，索罗斯也常常会提出一些问题。比如，孙中山先生的“三民主义”在当时的中国是否有社会基础？为什么共产国际对中共有那么大的影响，甚至在红军反围剿时，阵地上怎么摆机枪都要听李德代表的指示？索罗斯听历史故事时，情绪总是很平静，唯一有一次，听到红军长征到了遵义后，失去权力的毛泽东重掌领导权时，他从内心流露出很深的感慨，激动地说了一声：“红军得天助，天不让毛死。”

深夏的一个夜晚，家里人都睡了。索罗斯和我坐在别墅花园里，听着外面海浪阵阵拍岸声，闲聊起中国的历史人物。

我先问他：“你比较喜欢中国历史上哪位皇帝？”

“周文王是难得的好皇帝，他能够善用人才来治理天下。我也喜欢唐太宗‘以人为镜，可以知得失’的胸怀。”

我又问：“唐太宗不仅在中国，在世界上也应该算一位伟大的君王吧？”

“应该是，但他不是哲王。”

“为什么？”

“哲王有外人不知，也不会让外人发现的内心世界。君王是天下人的王。哲王在自己内心里既可称王，也可以什么都不是。”

我接着又问：“‘哲王’的概念毕竟是源于西方的政治哲学。如果你仅从中国历

索罗斯在梁恒送给他的中国国画肖像前。

史去看，你最喜欢哪位君王或者领袖？”

索罗斯说：“我敬重秦始皇，但更喜欢毛泽东。秦始皇是一帝定千年的皇帝，这在人类历史上也是不多的。”索罗斯又反过来问我：“你呢？你喜欢毛泽东吗？”

我回答：“毛泽东坐稳江山后，他的许多做法让成千上万的中国人吃尽了苦头，这也包括我的家庭和我自己。但我还是相信，他最初的革命理想的确是想要为人民谋福祉的。”

索罗斯说：“一个政治家做了哪些好事，哪些坏事，历史学家们也讲不清楚。也许有些事，当时是好事，后来就变成了坏事；当时是坏事，后来反成了好事。这才是为什么说，历史自有公断。”

我说：“评论像毛泽东这样的政治家，我们是不可能不看他的成败得失的。”

“那只是一种历史观，但不是唯一的，”索罗斯说到这，沉默了很久，又慢慢接着说，“从另一个角度来看，我喜欢毛泽东的人格魅力。政治是化敌为友、化友为敌的艺术。毛泽东的人格魅力使他对政治艺术的掌握运用，在历史上空前绝后。我还喜欢他的另一点是，他的一生完全体现了被打败但打不死的英雄气质。他在对抗强权的美国和苏联时，所表现出来的胆略和气度最能说明这点。我更喜欢他的远见卓识，他能超越自己所处的时代，去思考中国和世界的未来。”

我说：“他不仅坐而思，而且还起而行，亲自发起和领导革命运动去证实自己的思考。”

接着，索罗斯发了一句感叹：“是的，我认为毛泽东很了不起，也算是一位想一帝定千年的皇帝，只是时日无情啊！”

“哲王，我猜到你此刻在想什么。”

“什么？”

“你遗憾今生没有见过毛泽东。”

“是有点遗憾。”

索罗斯天性好学，而且治学严谨，不懂就问。他对于自己不熟悉的东西，会花很多时间去努力学习了解。很久以前，他为了把握日本市场的变化，熟悉日本的经济体制，还专门学习过日语。在索罗斯的心目中，中国人是最能干、最聪明的，中国文化的智慧也是最优美而学不尽的。但他也认为，中国文化有很强的封闭性，最明显的是教育制度。他经常对我说，在从一个封闭的社会走向开放的社会时，中国社会的改革最需要的，是在自己的文化中培育出现代的批判性思维，他相信，凡是具有批判性思维的文化，才有可能在风云莫测的世界里迎战各种各样的挑战。

九、离死亡最近的一次

1985年夏天的一个上午，中国驻美大使韩叙先生的助理从华盛顿打来电话，邀请索罗斯去中国大使馆与韩叙先生共进午餐。我估计是中方在和索罗斯合作之前，让大使先生亲自会见索罗斯，进一步了解这位匈牙利裔的美国富豪的情况。我把自己的分析告诉了索罗斯，他非常重视中国大使的邀请，让我尽快把这次会见安排好。

日程定好的那天，我先去索罗斯豪宅的楼下叫出租车。索罗斯虽说还不是富甲天下的人，但凭他的财富，足够可以雇用专职司机和拥有私人飞机。他当时没有这样做，其原因是他享受开车的乐趣。他对我说，等他老了，自己开不好车时再雇司机。他还说，买私人飞机太奢侈，他宁愿在具体情况需要时临时租用飞机。

我在楼下叫好出租车，他还没下来。我放走出租车，过了一会儿，又叫了一辆，他下来了。我们上车后立刻去机场。一路上，索罗斯没有说一句话，显然是在思考很重要的事情。到了机场，我付钱给司机，索罗斯坚持要找回零钱，而且还让我和司机换了两美元的硬币。我不解其意，看着索罗斯把所有的硬币都拿走了，也不理我，独自急匆匆地走进候机大厅。

我跟上去，只见他抓起一个公用电话，转过身来，对我瞪大眼睛摇摇头，示意我不要过去。他一只手打电话，另一只手把口袋里的硬币摇得叮当直响，每隔一会儿，就朝电话机里塞一个硬币。

他打完电话，我们去登机。在位子上坐好后，他转头侧身对我耳语："我刚才部署了一次重大的行动，我在吃进日元，如果我的判断正确，这将是一次千载难逢的机会让我赚大钱，"说到这，他自己笑了笑，又说，"嗯，不说了，我需要冷静自己。"说完，他拿起报纸开始阅读。

后来我才知道，一个多月后，七国财政部长在纽约广场酒店开会，共同签署协定，意在压低美元汇价。这个协定刚一公布，日元马上开始狂涨，而索罗斯早已布局，用低价买进了大量的日元，耐心地等着升值。结果一切就如索罗斯所预测的那样，日元一路狂飙，索罗斯赢得了他投资事业中最值得骄傲的一次胜利，用他自己的话说，这次巨大获利奠定了他的财富基础，从此以后，他在华尔街的地位是不可动摇的了。

不知就里的读者，或许要了解一下索罗斯做多日元的背景。

就在1985年，日本愚蠢地和美国、英国、法国、联邦德国签署了《广场协议》，这个协议实际上是要求日元升值以换取美元的有序贬值，从而增强美国制造业的竞争力，以解决困扰里根政府多年的美国贸易赤字问题。

早在协议签署之前，索罗斯就意识到了里根政府的"双赤字"（财政赤字、贸易赤字）政策不可能持久。里根政府面临着两难的选择：要么增加税收、减少军费以消弭财政赤字，从而降低美元的贬值压力，但这无异于政治自杀；要么允许美元贬值，但又怕局势变得不可收拾，出现美元汇率崩盘，这对美国经济的打击也将是致命的。所以，里根政府只好以政治、军事手段胁迫日本政府为美国的赤字买单——当时也只有日本有能力完成这个艰巨的任务。

索罗斯从20世纪80年代初期就开始看空美元，在《广场协议》签署前后又大量卖空美元，买进日元、马克等即将升值的货币。1986年，美元兑日元已经贬值20%以上，许多外汇投机者开始获利出场，索罗斯却认为美元的贬值还没有到位，当前的美元汇率仍然无法对美国的工业品出口带来多大帮助。果然，美元兑日元的汇率继续大幅度下跌，从1985年的1：250一直跌到1988年的1：120，跌幅超过了50%。

后来，索罗斯在1985—1987年的这场货币战争中，赢利高达122%。金融巨鳄就是这么炼成的。

飞机起飞后，差不多过了半个小时，突然，机身颠簸，而且越来越厉害。我坐在靠窗户的位子，看见雨水扑打的窗外全是乌黑的浓云，还不断闪电，也许在打雷，但飞机内听不见。这时，机长向乘客们宣布，飞机现在进入了雷雨区，请大家系好座位上的安全带，保持镇静，情况马上就会好的。

机长说完后，飞机还是上下震动，左右摇晃，乘客们都很慌张，机舱内气氛凝重。

"梁，你离死亡最近的有几次？"索罗斯放下报纸，面带微笑地问我。

"你真想听吗？"我答得有点不情愿，因为心里害怕飞机出事。

"我真的很想听，请说吧。"

不知为什么，此时此刻，在我过去生活中曾经发生过的、几次离死亡很近的情景，马上涌现脑海，我不假思索地对索罗斯一一说了出来：

第一次，我11岁，不会游泳，夏天去长沙浏阳河玩水，一下淹入水中，呛了几口水后失去了知觉，醒来时，救我的人正在为我做人工呼吸，我大口大口地吐黄水。

第二次，我12岁，刚刚学会游泳，和小伙伴们去湘江河边的竹排上玩。一个小孩跌落水中，我跳下去救他。对方死死抱住我的脖子，让我呛了好几口水，我死命挣扎，双手抓住竹排，捡回了两条命。

第三次，我13岁，"文革"时期，长沙城里到处武斗。一群武装人员在我家附近的高楼上，架起几挺机枪疯狂扫射。我趴在一个机枪手旁边捡弹壳，这些弹壳可以拿到废品站换红薯糖吃。突然，机枪手中弹倒地，血淋淋的肠子散了我一身。我捡起他的钢盔往头上戴，子弹射来，把钢盔打得一飞而去。

第四次，我14岁，在街头流浪时，加入帮派打群架。在一个仓库里，几十个人用铁棍、菜刀、匕首、砖头打斗。混乱中，一刀朝我砍来，我闪身躲避，没站稳，摔倒在地上，碰了一根带电的烂电线，我被电击中，人被电得翻了个跟头。还好，没有被电死。

“我就这几次，你呢？你有离死亡最近的时候吗？”说完自己，我问索罗斯。

“我离死亡最近的一次，是我13岁的时候，”索罗斯的回忆如闪电一样来得很快，他说，“我们全家在躲藏，害怕被纳粹武装人员抓捕后送到集中营处死。”

索罗斯开始跟我讲他的恐怖经历。他说，他爸爸为了安全起见，把全家人分开来住，以至不会在大搜捕时，全家人被赶尽杀绝。索罗斯被改名换姓，用假身份证住在他爸爸新认识的朋友家里，他每次小便，都不能让人看见自己的生殖器，因为犹太人生下来时要割阴茎包皮，他害怕暴露自己是犹太人的秘密。

有一次，索罗斯不小心，独自去城外散步，鬼使神差地撞上了纳粹士兵。他内心很惊慌，甚至是恐惧，但表面上非常镇静。当通过检查被放行过了关卡时，他知道自己有惊无险，真正闯过了死亡的考验。他按捺住内心的害怕，偷偷地为自己的勇气和沉着激动不已。可是，没料到几天后，他在阳台上玩耍时，被街对面的一个小孩认出来了，他们以前很熟。索罗斯心里吓得发抖，但装着若无其事，还主动和那个小孩隔街聊天。到了晚上，他把这件事告诉了爸爸。第二天，他爸爸立刻把他转移到另外一个地方躲藏起来。

索罗斯讲完自己的故事，飞机已经平稳下降，安全停在了跑道上。“除了这些，还有其他离死亡最近的时候吗？”我问。

索罗斯站起身来，用手轻轻拍拍我的头，笑着对我说：“也许刚才飞机在雷阵雨区间，穿过雷鸣电闪时也要算一次吧。”

我忽然意识到，我们一路上谈的都是与死亡有关的事情，尽管飞机颠簸得很，说起这些事情时，我忘记了害怕。原来索罗斯是通过回忆恐惧的经验，使我在恐惧中镇静下来。

出了机场，我们直奔中国大使馆。在路上，我告诉索罗斯，韩叙先生是职业外交官，是周恩来总理一手培养出来的。此人英语很好，和美国的前几任总统都打过交道，在华盛顿外交圈子里口碑不错。

韩叙大使在使馆门口迎接索罗斯。他很大气、随和，也很风趣。索罗斯立刻就和韩叙大使热情地交谈起来。索罗斯很喜欢美食，总是乐意尝试不同的佳肴。韩叙大使是南京人，请索罗斯吃的是江苏菜。索罗斯觉得很好吃，问我能不能记住这些菜，回去让家里的中国厨子试着做。

“记可能是记不住的，”韩叙大使笑嘻嘻地说，“不过，你可以让你的厨子到我们这里来培训一下。”

索罗斯哈哈大笑，说：“还是你请我到这里来吃吧。”

韩叙大使和索罗斯边吃边聊，有说有笑，两人的话语中闪烁着机智和幽默。索罗斯把我跟他讲的故事也用上了几个，有时谈历史，有时说“文革”，但更多的是向韩叙大使介绍匈牙利如何实行市场经济改革，企业是怎样转型成为股份制的经济实体的。最后，索罗斯向韩叙大使表示，他愿意为中国的改革开放做些力所能及的事情，包括各种形式的支持和帮助。

“我希望你尽快去中国，”韩叙大使对索罗斯说，“我有机会一定去纽约拜访你。”

索罗斯感谢韩叙大使的午宴，握手和主人道别，笑呵呵地走出中国大使馆。“梁，你给我上的中国课，第一次考试过关了。”他很开心地说。

我笑着回应：“这是北京对你的第一次政治审查。”

一位曾经和索罗斯一起共事十年的基金经理说过，在金融投资这一行里，几乎没有人具有索罗斯的抗压能力，特别是在遭受巨大损失时，承受痛苦，认赔出场的心态。而索罗斯从来不会考虑自己的尊严，也绝不会在乎别人怎么说，反而是我行我素，因为他坚信，只要能够生存下来，就有绝地反击的机会。这位基金经理说，索罗斯之所以具有与众不同的精神特质，这和他年少时，生活在战火纷飞的环境里很有关系。索罗斯总能在生死存亡的关键时刻，临危不乱，死里逃生，很幸运地存活下来。他有了这些经验，以后在华尔街拼搏时，与儿时的生死存亡经验相比，荣誉和金钱都是微不足道的了。所以，索罗斯在自己的投资生涯中，每次遇到大祸来临时，首先想到的就是破门而逃，然后养精蓄锐，等候机会，重返战场。

十、他应该自己了断

纽约长岛南汉普顿是世界上最有钱的一些人居住的地方之一。美国当代作家费兹杰罗在他的代表作《大亨小传》中，对这个位于大西洋海岸边的别墅区，以及住在这里的富豪们的生活，有过深刻有力的描写。

索罗斯在华尔街通过自己独特的金融投资开始致富后，于1980年年初加入了南汉普顿超级富人的生活圈。他和前妻安娜丽丝在南汉普顿买下了3英亩地（1英亩=4046.86平方米），盖了自己设计的夏天别墅。里面不仅有游泳池，还有露天网球场。在一片绿草地上，他们用现代艺术家的雕塑构造出一幅非常别致的花园景观。索罗斯离婚后，把这座别墅给了安娜丽丝。

南汉普顿的富人豪宅都很类似。一排排整齐高耸的树木形成自然的围墙，路人漫步在幽静的小道上，可以窥视到树墙里的豪宅、游泳池、网球场和各种名牌轿车。

唯独索罗斯现在住的豪宅与他人不同。它原来是一栋老房子，索罗斯于1980年把它买下来。他第二次结婚后，苏珊花了很多钱，把老房子重新设计装修，才变成了现在这样漂亮气派的大豪宅。这栋海边别墅的围墙不是用厚密的树木遮挡形成，而是用花岗石砌成的。外面过路的人根本无法看见里面。除了在豪宅的围墙里外安装了报警器

索罗斯和梁恒在他的海边别墅的沙滩上。

外，大门口还有保安值班。从索罗斯的豪宅走到海边仅需两分钟。索罗斯和我常常就穿着游泳裤，直接从后门走到沙滩上去。

别墅内分主房和客房两部分，另外还有一栋小别墅是专门给索罗斯母亲住的。老人家去世后，这栋房子也成了客房。主房和客房之间是一大片绿茵茵的草地，院子里栽满了色彩缤纷的鲜花，十几棵苍劲古树下都是凉爽之地。在院子角落的凉亭旁有一个露天游泳池。可能是为了保留更多赏心悦目的鲜花，当时花园内没有建造露天网球场。

索罗斯酷爱打网球，由于自己的海边别墅内当时没有建网球场，就和旁边的邻居商量好，由他出一部分管理费，合用邻居的网球场。苏珊自从和索罗斯认识后，就开始认真学打网球，她每周都要上几堂网球课。我周末去海边度假时，索罗斯要我和苏珊一起上课。他对我打网球抱有很大的期望，他说："你天生就有运动员素质，别浪费了自己的体育才华。"

我们的网球教练是索罗斯的双打搭档。他是一个性格开朗、随和幽默的人。每次上课，上半节他教苏珊，下半节教我。当时苏珊已经有了身孕，但她学球很执著认真，从不旷课。教练一边给球让她打，一边唱着小调："小宝贝也在肚子里练球，出世长大后，别忘了我是你的好教练。"苏珊被逗得直乐。

但每次索罗斯一来，整个气氛就变了。他总是刚刚从别处打完球，满身大汗赶过来看我们上课。他不仅在课堂中指手画脚、说三道四，而且我们下课后，他还要拿起球拍和我再练习一下，边击球边喊："打开球拍，挥拍！”有趣的是，索罗斯即便在练球，准确地说，是在教我打球，他都体现出极强的好胜心和竞争性格，毫不客气，绝不手软，死不让人。

夏天快过了一半。有一个周末，我去索罗斯的海边别墅玩，中午吃过饭，正想去练球，索罗斯跟我说，以后不要到邻居的球场打球了。我问他为什么，他说邻居自杀了。

“怎么会自杀？”我很惊讶地问道，“上个周末我还看见他好好的。”

索罗斯说：“他儿子投资失败负了很大一笔债。他把所有的积蓄都给了儿子去还债，没想到儿子拿了钱又去投资，结果又失败，债上加债，无路可走了。”

我说：“那也不至于去死呀？”

索罗斯继续解释：“他死的前一天晚上找我谈话，我当时就预感到他想自杀。他说整件事情都是自己害了儿子，现在无路可走了，已经把自己全部的财产，包括地产、车子、收藏的古董统统卖了给儿子还债。”

我叹了一口气，还是想不明白，说：“那他也不应该去死。”

索罗斯冷冷地说：“他应该自己了断。”

“什么？他临死前找你谈话，这意味着他信任你。你这么有钱，怎么可以见死不救呢？”我实在不能理解索罗斯怎么可以这样想，“你太残忍了！”我脱口而出。

“这不是救与不救的问题，”索罗斯的情绪没有被我的话所影响，他语气平静地说，“一个人做错了事，是应该自己去承担的。”

我大声嚷道：“那是一条命啊！哲王。”

“是他自己的命，由他自己掌握。”索罗斯以这句话结束了谈话。

索罗斯并没有告诉我，除了债务一事，他和准备自杀的邻居还谈了什么。我对索罗斯面对一位即将死亡者的冷漠感到震惊和难受。

我们很快又找到了一个打网球的地方。这个球场不是别处，而是索罗斯前妻安娜丽丝家的球场。我知道索罗斯去前妻家打球应该没有什么问题。他跟我说过，他和前妻离婚后仍然是好朋友。可是苏珊会尴尬吗？我有点好奇。

苏珊和梁恒。

半个小时后，安娜丽丝来电话，说球场已经清理好了，我们可以过去打球了。

“走吧。”苏珊催我快点去拿球具。

“去那里打球，你会不舒服吧？”我问她。

“不会，安娜丽丝人挺好的，”苏珊边说边上车，“她是真心欢迎我们。”

去索罗斯前妻家的路上，苏珊告诉我，安娜丽丝是个孤儿，从小吃了很多苦。第二次世界大战后，她离开德国来到纽约，独身一人在一家小公司任文秘。她和索罗斯是在中央公园的露天音乐会上认识的。

苏珊说：“安娜丽丝喜欢听音乐会、参观博物馆和画廊、看戏剧表演，乔治在华尔街的工作太枯燥无味了，安娜丽丝对乔治很合适，弥补了他生活的空虚。”

我问：“那他们为什么会离婚呢？”

苏珊的解释是，他们的性格完全相反。安娜丽丝喜欢平静、安稳、隐秘的生活，索罗斯却喜欢把自己放在社会的聚光灯下，并刻意追求名望，一心想成为对世界有影响力的公众人物。“他们的离婚是不可避免的。”苏珊最后说。

我问：“你能接受乔治的这种性格吗？”

苏珊回答：“我无所谓，我喜欢看他努力工作，享受他的卓越成功。”

我们到了安娜丽丝的家。汽车开进去时，我留意到大门口放了一块刻有“索罗斯”名字的石头，以示宅邸主人为何许人也。

我问苏珊：“他们离了婚，为什么安娜丽丝仍然在家门口保留乔治的名字？”

苏珊回答得很干脆：“她还爱着他。”

“你不嫉妒？”

“不。”

安娜丽丝真是热情好客，她把我们照顾得很舒服。打完球后，她邀请我们游泳、洗澡，吃了晚饭再回去。

“梁，请你给乔治打个电话，叫他过来一起吃晚饭。”苏珊对我说，她很高兴留下来玩。

索罗斯接了我的电话，想都没想，说一定来。

吃过晚饭告辞时，安娜丽丝笑着对我说：“梁，我以前听乔治说过你，认识你很高兴，请随时过来玩啊。”

安娜丽丝是诚心实意的人。从那天起，多少年来，我每次去她家玩，她都和第一次见到我时一样，优雅、从容、大方、热情。

在我看来，索罗斯的内心深处有狠硬的一面，这与他悲怜众生、慷慨解囊，几十年如一日地做慈善事业完全相反。除了和自己的家人之外，他不和任何人深交，更进一步说，他与其他人的关系基本上就是一种交易，是一种相互有利的临时性结盟，绝不会长久，更不会投入自己的情感。他对自己的邻居自杀表示出来的冷漠，让我感到不可思议。可是日子久了，我习惯了他内心深处铁石心肠的一面，而且我也看到，凡是想和索罗斯套近乎的人，不管是谁，都无法走进他的内心，因为他严格地与外人保持情感的距离，绝不越雷池一步。

十一、左右为难

索罗斯的母亲整个夏天都住在海边别墅，85岁的老太太独自一人生活，很少到索罗斯夫妇这边来。这种分居各处的状态是因为婆媳之间相互敌视、冲突严重造成的。索罗斯我行我素，在海边度假的日子，每天下午四点，准时会去母亲住处看望老人家，陪她聊天。每次我去索罗斯海边别墅玩时，他都会邀我一起去他母亲那边坐坐。索罗斯深爱母亲，不止一次地告诉我，他母亲如何了不起。

索罗斯的父亲是从第一次世界大战中存活下来的战俘，经过七年的关押、越狱、逃亡、流浪，最后历尽千辛万苦，回到了自己的祖国匈牙利。他回到布达佩斯后，就和索罗斯的母亲热恋结婚了。索罗斯的母亲出身富裕，生活优越，但胆小怕事，完全依赖丈夫。

残酷的战争改变了索罗斯的母亲。为了逃避纳粹的搜捕，索罗斯的父亲伪造假身份证，让一家人分散躲藏。索罗斯的母亲孤身借住别人家。有一次，她遭到两位警察上门盘问，对方看过她的假身份证明，继续讹诈威胁她，说她是犹太人，私藏非法文件。她听了哈哈大笑，反问两位警察是否要进屋仔细搜查一下。两位警察被她的镇定骗过去了，摇摇手走了。索罗斯的母亲控制住内心的极度惊恐和紧张，用绝对的冷静度过了死亡危险。

“孤身逃亡生存下来的经验影响了我妈妈的一生，从那以后，她变成了一个坚强、独立的人。”索罗斯给我讲这些故事时，对自己的母亲肃然起敬。

每次索罗斯邀我一起去陪她母亲时，他们两人一会儿说英文，一会儿又说匈牙利语。但不管说哪种语言，话题都是与苏珊有关，而且总是一个骂，一个劝。索罗斯的母亲往往会越说越愤怒，索罗斯则安静地听着，直到老太太骂完了，气消了，才好言相劝。

我问过索罗斯，他母亲和苏珊的关系为什么这么紧张。他说，他母亲从一开始就不喜欢苏珊，一是嫌她的年纪比索罗斯小了25岁；二是讨厌她太会花钱，因为索罗斯的母亲自己过得简朴节省，看不惯苏珊喜欢追求物质生活；三是苏珊有天生的自信，从来不觉得自己是犹太人有什么不好，而索罗斯的母亲身为犹太人，到了晚年却成了天主教徒。母亲和太太之间既复杂又强烈的矛盾冲突，让索罗斯非常痛苦。每次我们离开他母亲的别墅，索罗斯总是脸色阴沉，低头无语，慢慢走回自己的住处。

一天中午，索罗斯和我刚从海边游泳回来，进了别墅后门，正在用水冲洗脚上的沙子，苏珊怒气冲冲地走过来，对着索罗斯发火，说：“乔治，我实在受不了你妈妈，你必须去说说她，否则，我会让她搬出去住。”

索罗斯已经习惯了苏珊的抱怨，听了也没什么反应，只是轻声问了一句：“又怎么了？”

“我准备在她房子的后院整理出一个小花园，摆放一些户外用的沙发和椅子，让她的亲戚朋友来访时，可以在后花园里坐坐。”

“想法不错啊。”

“你妈妈听了我的想法，对我恶声大吼，骂我乱花你的钱。”

“我会好好劝她的。”

“不行，你必须马上过去和她讲清楚，我买的家具下午就会送过去。”

“我吃过午饭去和她说，好吗？”

“马上！否则我会对她说滚蛋。”

索罗斯不再坚持，把脚冲洗干净，对我说：“走，过去看看。”

我们到了索罗斯母亲那里，只见她气得在客房里来回走动，见了索罗斯，立刻用匈牙利语喋喋不休地骂。索罗斯开始没吭声，就像往常那样任她发泄，但听了一会儿，马上也用匈牙利语和她对着说，俩人说了半天，最后，索罗斯苦苦相求，才让他母亲平静下来。

我们出来后，我有点好奇，问道："结果怎样？"

索罗斯回答："我还是说服了她同意苏珊修整后院，但条件是今天不准送家具，等她回到城里后才可以动工。"

我又问："平常你妈妈发脾气时，你从来都不插嘴，今天为什么要和她对着说呢？"

索罗斯苦笑地摇摇头，说："幸亏你听不懂匈牙利语，我妈妈用最恶毒污秽的语言骂苏珊，我听了真难入耳，只好插话打断她。"

索罗斯夹在母亲和太太的敌对冲突之间，真是左右为难。他说："我常常感到困扰，我在她们之间沟通、协调，但又看到她们彼此伤害对方，既痛心又无奈。"

"是啊，她们两位都是你所爱的人，你只能左哄右劝。"

"在情感上，我尊重自己妈妈的感觉会更多，在事理上，我会站在苏珊一边。"

我接着问："在她们两人紧张关系的三个基本问题上，年龄、宗教信仰都是难以改变的了，对你妈妈最反感苏珊太喜欢花钱，你怎么看？"

"我妈妈在年轻时遭遇磨难，从一个富家小姐变成了什么都得靠自己的普通妇女。她学会煮饭、洗衣、缝补，和亲人分开独住，并经过了几次逃亡，所有这些经历让她觉得一切来之不易，不愿改变过简单生活的习惯，甚至拒绝富有。"索罗斯先向我解释为什么他妈妈克勤克俭，不喜欢乱花钱，接着又说："我的确深受我妈妈的影响，从来就不喜欢豪华奢侈的生活，但我现在必须迎合苏珊的情趣，我把和苏珊过的新生活作为一种挑战。"

"挑战？"我问。

"对，彻底改变旧的生活方式，接受并适应新生活，这是人生中很严峻的挑战。"索罗斯答道。

“这个过程太难了，既要安慰你妈妈，又要摆脱她的影响，既要接受苏珊带来的新生活，又要劝她跟你妈妈和睦相处，真是让你左右为难啊。”我不由得感慨一番。

“我猜她俩之间的战争要等我妈妈去世后才会结束。”索罗斯说。

五年后，我听说索罗斯的母亲去世了，打电话给索罗斯表达我的哀悼之情。苏珊接的电话，她的第一句话是：“谢天谢地，她终于走了。”我听了一点也不奇怪，只是觉得索罗斯的家庭战争终于结束，他可以解脱了。

索罗斯对母亲的爱是苏珊不可能理解的。他在母亲和太太之间的尴尬处境的确很痛苦。每当我看到索罗斯面对母亲和太太的争吵，总是一副愁容时，会很同情他。这位在金融界一言九鼎的人，说话时华尔街必须洗耳恭听，而在自己的家里，他的好言相劝却很少受到重视。

索罗斯夫妇和格瑞格里。

十二、乔治晕倒了

苏珊马上就要生小孩了，可还是闲不住。索罗斯过去的情人已经离开了开放社会基金会，现在由苏珊接掌全部业务。她身为总裁，大部分时间在家里工作，不仅要负责协调各种不同的资助计划，还要处理文书、记账、签支票、监督汇款，并审阅各个项目结束后的评估报告。每天下午，我去基金会临时办公室上班，都会见到苏珊在忙。我们除了在她的书房各干各的事，有时候也会休息一下聊聊天。

我发现最近每个星期有两三天，索罗斯会在下午四五点钟回家来，休息一会儿，然后就和苏珊一起到隔壁的健身房，坐在地板上，对着大玻璃镜，听着慢悠轻松的古典音乐，很耐心地帮苏珊做各种柔软的肢体动作。有一天，我问苏珊："你们在干什么？"苏珊回答："乔治和我一起加入了产前培训班，晚上去听课，下午抽空帮我做运动。"

我没想到索罗斯竟然会这样关心太太和未出生的小孩。因为有时候，我去他的前妻安娜丽丝家玩时，不只一次地听安娜丽丝说过，索罗斯是一个很不合格的父亲。虽然苏珊曾经跟我提到过，索罗斯和安娜丽丝离婚的主要原因，是因为他们两人在生活方式上格格不入，索罗斯要积极参与公共事务，力争做一名有影响的社会领袖，而安娜丽丝却愿意静悄悄地过隐秘生活。

但是，安娜丽丝也对我说过，那是一个主要原因，不过最根本的问题，还是索罗斯对他的3个小孩从来就漠不关心，即便有时会过问一下他们的情况，但说话时的态度和言词也是不尽父情，甚至非常严酷。

“我听说乔治从不关心和安娜丽丝生的3个小孩，”有天下午我和苏姗闲聊时，直接问她，“但和你结婚后，他现在怎么会有180度的大转弯呢？”

苏珊说：“我们结婚时，他说不要小孩。结婚后我一直在说服他。后来他又说：‘你要小孩，那就是你的小孩，与我无关。’我相信他以后会改变这种想法。我告诉他，年纪大了和小孩子在一起玩，会有很多的乐趣。不管怎样，我会尽一切努力让他变成一个顾家的男人。”

其实，索罗斯的改变主要还是来自他内心的自我解放。我记得有一天晚上和他单独吃饭，我们专门谈到了这个问题。他说，他以前是一个赚了钱不幸福的人。自从1956年，也就是他26岁时，只身一人离开欧洲到了美国后，一直拼命工作。他的父母和他已经10年没见了，他们到了纽约时，因为他要做一笔交易，忙得都没有去机场接他们。他对自己的家庭生活就更别提了。

后来，他慢慢发现，自己越是赚钱，越是痛苦，以至于开始对自己产生了怀疑，因为他根本就无法控制自己，而只能被自己的基金公司所控制。一句话，25年的金融投资生活让他心力交瘁。直到最后，他的心情开始沉落，并且跌到了谷底，稀里糊涂地过了几年花花公子的生活。说到这里，索罗斯自嘲地说：“我妈妈真是替我担心，她说我已经变成了一个意志衰退、没有上进目标的懒虫。”

“是什么原因让你摆脱了痛苦？”我问。

“我终于发现，自己的所有痛苦，都是因为我就是基金公司，基金公司就是我。于是，我下定决心，必须让基金公司从我身上分离出去，我才能征服心魔，找回自己。”索罗斯回忆这段经历时，心情显得非常愉快。

接着，他告诉我，1981年对他的一生至关重要。这年的业绩出现了自他创业以来的第一次亏损。

索罗斯1969年成立的量子基金（当时叫双鹰基金，1979年更名为量子基金），前11年都未亏损，但在1981年首度亏损超过20%。1980年，当时量子基金的合伙人吉姆·罗杰斯与索罗斯散伙，紧跟着，安娜丽丝也跟他离了婚。压力之下的索罗斯刻意放松过去对投资的一些限制，但讽刺的是，基金报酬率却是难以想象的高，很快基金从1亿美元变成4亿美元。这样的规模压力自然更大，因此索罗斯当时正在找与他分担操盘任务的基金经理人，可是找不到。结果，基金投资英镑和长期政府债券遭受重大损失，连累到基金有史以来发生了第一次亏损。

他写了一封信给所有的投资人，希望大家理解，基金公司靠他一个人决策管理是不合适的，他会继续在战略上掌舵，但要聘请新的基金经理来和他一起工作，并且会把部分投资转包给别的基金公司去管理。信发出后，有些投资人马上撤资，但留下的是多数。此封信代表了他人生的转折点，它不仅决定了索罗斯基金公司以后的成就，更重要的是定准了他个人生活的幸福基调。

对索罗斯来说，1981年不只是投资的转折，而且是心态的转折！

“有时候，挫折就等于转运。”我感叹一句。

索罗斯说：“从这一年起，我可以心安理得地去接受各种好运，也不会再害怕因为好运带来的各种厄运。我完全可以自己分配精力和时间，去做自己想做的事情。比如说，慈善事业、公共事务、哲学研究。”

我说：“这些都是很富有挑战性的事业。”

索罗斯笑笑说：“对我来说，赚钱不难，花钱很难，去探索世界的本质和生命的意义就难上加难了。”

我开始明白，成为一个成功的基金经理不是索罗斯为之奋斗的人生目标，他愿意在公共事务中扮演一个崇高的领袖角色，而他人生的终极价值，是把自己修炼成一个追求普遍真理的哲学家。

“你一通百通后，个人生活有哪些具体的变化呢？”我问。

“玩。”索罗斯回答得很开心。

索罗斯说，他小时候就好玩，而且喜欢玩刺激的、惊险的游戏。自从心灵解放后，他游泳时的感觉特别好，有时候故意潜入水底去感受压力，有时候又浮在水面享受逍遥。他现在的滑雪难度也比过去更大，常常乐于乘坐直升机，降落在没有滑雪道的、白皑皑的高山顶上，然后朝银白世界飞飘下去。他还说，他的网球水平也在提高，而且他还学会了骑马。他特别感觉和过去不一样的，是在下棋时的忘我，他甚至可以整整一个下午坐在棋盘前不动。

索罗斯接着说，他还有两个很大的变化，就是去看心理医生和积极参加社交活动。他说自己以前是瞧不起心理医生的，记得第一次去看心理医生时，还没等对方说完，他手一伸，索取账单付完钱就走了。现在，他会定期去看心理医生，不仅自己去，有时候还会和苏珊一起去。

索罗斯和梁恒在他的海滨别墅的花园里下中国的寓智棋。

谈到社交，索罗斯说这完全归功于苏珊。他开始金融投资事业时，就给自己定了一条原则：不把事业和社交生活混在一起。所以，他没有私人朋友。自从认识苏珊后，他结识了她的许多朋友。另外，他从来就没有把自己当作美国人。但苏珊天生就有美国人的优越感，而且对有钱、有权、有才华的人一点也不敬畏，这点让他特别喜欢。现在，苏珊的性格弥补了他自己的性格弱点。他很高兴苏珊全权负责他的社交生活，包括安排请客吃饭和大小晚会。“我现在是一个幸福的人。”最后，索罗斯以这句话结束了我们的谈话。

这些日子，幸福的索罗斯每天下了班，就和苏珊一起去参加产前培训班，帮助产前的苏珊做体操，甚至在苏珊生孩子那天，亲自去产房陪伴苏珊，并且要亲眼目睹索氏家族的又一个新生命是怎样诞生的。

1985年10月27日，苏珊生了一个男孩，索罗斯早就为他取好了名字，亚历山大。第二天，我去医院看苏珊，她见我的第一句话就是：“乔治昨天晕倒了。”苏珊说，她生下孩子后不久，医护人员告诉她，索罗斯穿好消毒衣裤，带好消毒帽子和口罩，站在玻璃窗外等着观看婴儿出世的整个过程。没想到他只看了一分钟就晕倒了，然后被几位护士抬进了另外一间休息室。护士们知道索罗斯是大人物，一时惊慌失错，不知如何是好。苏珊在产房痛苦挣扎，咬紧牙关，配合医生接生，而这位被华尔街誉为一语能撼动市场的赚钱天才，却躺在休息室的床上纹丝不动，昏迷不醒。

我回到索罗斯家后，赶紧跑上楼去问他是否确有其事。索罗斯不好意思地笑了笑，点头默认。我问：“你醒来后的第一感觉是什么？”

索罗斯回答：“幸亏我不是女人。”

索罗斯意识到了持续的成功给他带来的恐惧，而他真正摆脱因恐惧产生的痛苦，是在遇到挫败以后。他终于看到自己有了失败，并且能够面对失败，敏锐地抓住了让自己重生的机会。他不仅调整好公司的结构，而且也把自己的生活定格于快乐开心。命运是捕捉机会的能力，索罗斯不仅有捕捉好运的能力，也有利用坏运转好运的本事，这一点不是一般人做得到的。

十三、外来的和尚好念经

何维凌于1986年年初到了美国，他受国家主管经济的领导秘书的委托，来纽约和索罗斯商议基金会的事情。索罗斯特别高兴，跟何维凌见面是他第一次和来自北京的官方代表接触。

这次会谈是在索罗斯家里的小客厅举行的。这个小客厅相当于一个小书斋，四面都是书柜，里面摆放的书籍都是索罗斯经常要翻阅的。小客厅雅致气派，设有酒吧，还专门配有一个奢华舒适的洗手间。凡是索罗斯认识的各国政要，或经济、文化、宗教等领袖人物，只要受索罗斯之邀来纽约，都会在这个小客厅和他天下纵横谈，共谋大事。

何维凌进入小客厅时，似乎已经感觉到了这个小天地的气氛，他用手拨动着一个精美的大地球仪，自言自语地说："我猜想索罗斯会经常盯着中国的版图思绪万千。"

索罗斯进来了，他热情地和何维凌握手，感谢他帮助我在中国认识了许多参与改革开放事业的精英人士。他说："梁是我的桥，你是梁的桥。"何维凌才思敏捷，马上接了一句："我们搭了一座从你这个小客厅，通往中国的改革开放之桥。"

何维凌神情兴奋，话语滔滔。他告诉索罗斯，他是北京大学物理系毕业的，在"文革"中因为反"四人帮"

也坐过牢。在林彪事件后，他和一些知识精英开始反思中国的命运。“四人帮”垮台后，在邓小平的领导下，中国终于对外开放，对内进行改革了。他和朋友们一起，一方面向社会鼓吹改革开放的意义，通过编辑出版一套《走向未来》丛书，启发人们打开封闭的心灵，接受多元化的思想，另一方面，直接参政，为国家领导人出谋划策，推动中国的经济改革。

索罗斯非常有兴趣，耐心地听何维凌讲完，然后问道：“你这次的任务是什么？”

何维凌说：“首先，我要告诉你，我们的韩叙大使对你的印象不错。我这次有两个任务：第一，确定基金会的结构。我方认为基金会最好在美国注册成立，在纽约和北京各设办事处。根据中国的现实情况，你方在中国的合作机构是国务院体改委属下的体改所，因此，基金会应该设有两位共同主席，由你和体改所所长担任，两位主席对任何计划和项目都有否决权。梁恒和由中方主席自己选定的人，分别担任你们各自的私人代表，受权处理基金会的日常工作。”

索罗斯神情严肃，认真仔细地听，然后说：“你说的我都同意，但有两点我必须明确：第一，基金会必须独立自主；第二，必须成立一个评审委员会，由一些没有政治背景和利益关系的中外学者组成。所有的资助项目必须通过开放竞争的形式，申报给评审委员会评选，然后由两位主席本人或他们的私人代表批准。”

何维凌显然是有备而来，听了索罗斯的意见后马上表示同意。接着，他说第二项任务：“经济改革的形势逼人，我们又没有经验，只好走一步，看一步。我们考虑在基金会正式成立之前，你是否能够帮助一个由中国青年经济学家组成的代表团，去你的祖国匈牙利学习考察。在今天的中国，反对改革的势力也很强大。匈牙利和中国的政治、经济体制很相似。这几年来，匈牙利的改革很有成就，可以为中国提供较好的经验。我们去向自己的兄弟党学习，可以堵住保守派的嘴。这就叫‘外来的和尚好念经’。”

索罗斯心领神会，哈哈大笑，对何维凌伸出大拇指，说：“中国人真聪明。没问题，让梁负责此事。”

正事谈好了，索罗斯和何维凌谈起了哲学。何维凌性格开朗，才华横溢，不仅对经济很有研究，对社会学和哲学的造诣也很深。他一会儿和索罗斯交换对普利高津（I Prigogine）的“耗散结构理论”的看法，一会儿又和索罗斯讨论哈肯（H Haken）的“协同论”。索罗斯越说越兴奋，甚至把自己还没有写完的书稿《金融炼金术》的第一章拿给何维凌看。

读者可能听说过普利高津和哈肯，但对于他们的思想或许也会像苏珊一样不了解，因此感到乏味。其实，不研究他们的理论而只是去理解其要义，还是做得到的。

普里高津1917年生于莫斯科，1945年在比利时布鲁塞尔自由大学获得博士学位，并留校工作，两年后即被聘为教授。他是一位具有深刻哲学思想的著名科学家。

普里高津认为世界总是不断向上变化、发展的，自然界应该存在着从无序向有序转化的规律。他是从一种叫“贝纳德花样”的现象中得到的启示：开水将沸腾前，会出现许多水泡，若仔细观察，会发现这些水泡呈六角形蜂窝状的有序状态，其中心液体向上流动，边缘液体向下流动，形成热量的对流，这就是“贝纳德花样”。普里高津发现，这种有序结构必须靠外界不断供给热量才能维持，一旦加热停止，结构就遭到破坏。因此，它不同于像晶体那样“死”的有序结构，而是一种“活”的有序结构，要求不断地同外界发生物质与能量的交换，即“吐故纳新”。普里高津把这种要不断从环境中吸收物质与能量，并且在物质和能量的消散中才能维持的有序结构，称为“耗散结构”。耗散结构理论的创立，为解释生命现象提供了一把很好的“钥匙”。生命就是通过新陈代谢、吐故纳新，不断保持有序状态的。因此，生命体就是一种耗散结构。这为用物理、化学的方法研究生命现象和生物进化开辟了道路。耗散结构理论被认为是20世纪70年代最辉煌的科学成就之一，普里高津被人们称为“生命热力学的诗人”，并在1977年获得诺贝尔化学奖。

“协同论”则是德国物理学家哈肯于1974年创立的，比耗散结构理论更深刻。它认为，无序到有序乃是通过开放系统的子系统之间非线性作用即协同作用而形成。协同论还认为，一种新的有序结构一旦产生，就会获得更为丰富的时间结构、空间结构和功能结构，只有不断与外界进行能量和物质交换，才能维持新的有序结构，不能“缺氧”，新的有序结构一旦产生，便具有相对的稳定性，不会因外界条件的微小变化而消失。

即便做了这样的解释，普通人也许还是会觉得很枯燥，而索罗斯和何维凌却越讲越来劲，让人感到这两人确非凡人。

何维凌当场就从书稿里挑了一个观点和索罗斯展开了讨论。哲思者之间的心灵火花击燃时，那种话语投机、惺惺相惜的情景，真让我有一种庄严的感动。谈话结束时，何维凌请求索罗斯让他把书稿的第一章翻译成中文，在我的《知识分子》杂志上发表。

索罗斯欣然同意，他说：“真没想到，首先分享我的哲学思想的是中国的知识分子。”

我忍不住说：“何维凌是把你的哲学思想介绍给中国的第一人，功不可没。”

在20世纪80年代的中国，没有现金支票、信用卡和旅行支票。我负责安排11位中国经济学家去匈牙利学习考察，所有费用只能用现金支付。我们的基金会在美国已经完成了注册，因为在等中国方面的进展，所以还没有去银行开好账户。索罗斯要我去找苏珊，从她负责的开放社会基金会取一笔现金给我去做项目用。

1986年春，中国青年经济学家代表团成功地访问了匈牙利。他们在布达佩斯的马克思经济大学，和自己的同行们探讨经济改革的许多问题。在他们访问期间，索罗斯专程飞回家乡，跟代表团成员见面座谈，向他们询问了解中国改革开放的一些问题。中国代表团从匈牙利取经回国后，马上写出了几篇有针对性的关于经济改革的报告，提交给了主管经济改革的中国领导人谋断决策。

这个项目结束后不久，一天下午，我去索罗斯家汇报工作。我上楼去他的书房，他正在看书，见我进来，放下手中的书，请我在书桌前坐下，问道：“有什么好消息？”

我告诉他，中国代表团回国后，写了几篇推动经济改革的报告，为政策制定者所采用了。索罗斯听了深受鼓舞，他说："我对这些年轻的经济学家印象非常深刻。他们聪明、能干，敢于探讨一些在今天的中国仍属禁忌的问题，他们在直接参与改革和开放的工作，而不是政治上的边缘人物，真是太难得了。"

我听索罗斯说完，从我的黄挎包里，掏出用旧报纸包好的两万美元，放在他的书桌上，说："哲王，这是没有用完的现金，一共两万，退还给你。"

索罗斯盯着旧报纸里的一堆现金，抬头望着我，表情很惊讶，好像有点不相信眼前发生的事情，过了好半天，微笑了，说："梁，你是个好孩子。"

我说："除了这些没有用掉的现金，既无收据，也无发票。"

"足够了，正确的账本都不如经手人的诚实。"索罗斯笑着对我说，语气很亲切。我从他的眼神里看到的是他对我的信任，心里很温暖。也正是这种信任，让他和我亲密相处了20多年。

索罗斯热情地支持中国青年经济学家代表团访问匈牙利，是为中国的改革与开放做了一件很有意义的好事。因为在当时特定的历史环境下，经济改革是摸着石头过河，因此，社会主义国家匈牙利的改革经验对中国很有参考价值。

十四、先死而后生

1986年10月，北京正式欢迎索罗斯访华。苏珊正好又怀孕了，索罗斯劝她在家休息，她坚决不肯，说自己盼望去中国已久，非去不可。索罗斯正好也在“十月怀胎”自己的第一本书《金融炼金术》，于是，他揣着手稿，带着有了身孕的夫人前往北京，开始了第一次中国之行。

一个金色秋阳的下午，索罗斯夫妇乘坐的班机到达首都机场。中方代表和我在机舱门口迎候。舱门打开，索罗斯第一个走了出来，他把手中装有书稿的皮包交给我，颇为激动地说了一句：“中国，我来了。”然后扶着苏珊走下舷梯。

我们坐专车前往建国饭店。一路上，索罗斯夫妇用手撩开专车的窗纱，目不转睛地盯着车外的一切。当时正好赶上下班的时候，专车在骑自行车的滚滚人流旁边驶过时，苏珊一辈子都没有见过大街上有这么多人，不由地惊叹：“天啊，真是不可思议。”

索罗斯夫妇抑制不住兴奋，提议暂时不要去饭店，让他们下车到街上走走。我请司机开往前门，到大栅栏去看热闹。夏竹丽担任此行的翻译。下车后，她走在索罗斯夫妇中间，我在前面引路，大家一起走马观花地看老北京的市民生活。天色渐渐暗下来，在中方代表和安全人员一而再、再而三地催促下，索罗斯夫妇才恋恋不舍地离开。

索罗斯到达北京后的第二天上午，在下榻的饭店会议室和中方举行正式会谈。中方主席和他的私人代表，以及几位助理按时到达。会议刚一开始，双方陷入僵局，在两个问题上产生了冲突：宗旨的提法和资金的分配。

由中方准备的、双方将要签字的协议书上，第一句话是："本基金会的宗旨是促进在社会主义体制下的改革与开放。"索罗斯对此句话有异议，他认为基金会的宗旨是既要帮助封闭的社会走向开放，也要促进已经开放的社会更加开放。因此，无所谓是在哪种制度下都需要开放，这也包括美国。

中方主席说话官腔重、口气硬。相比之下，他的私人代表比较通情达理，而且说话心平气和。他向索罗斯解释为什么要这样写，其原因就是在政治上保护自己。他说："梁恒给基金会取名'中国改革与开放基金会'，名字念起来冗长，但政治谋断尽在其中。我们的宗旨与邓小平的说法一致，就是为了自己的生存与发展。"他说完后，对我耳语，让我说服索罗斯一定要把"在社会主义制度下"写进宗旨。

我建议休息一下，请中方代表抽烟喝茶。我和索罗斯去洗手间。在洗手间里，我对索罗斯说："邓小平有句名言，大意是不要争论，只要把事情做好。"索罗斯想了一下，点头同意，但对我说："绝不能让体改所独吞资金。我们的原则是基金会必须对社会开放。"我问："如果对方坚持要垄断资金呢？"索罗斯厉声说道："那就马上回去。"

我们回到会议室坐下。索罗斯告诉中方，他对协议书的宗旨已经没有任何异议。中方人员如获重释，神情顿时轻松下来。中方主席果然不出索罗斯所料，他说既然索罗斯是和他的机构合作，基金会的资金就应该全部归体改所，因为只有体改所才是真正在担负中国的改革大任。索罗斯听后面色不悦，摇摇头表示反对，然后冷冷地说了一句："这不符合开放的原则，对不起，我不会让步，我现在就回美国，等你们想好了，我再过来。"

对方没料到索罗斯有如此反应，一下子慌了，半天说不出话来。索罗斯话说走，人不动，靠着椅背，不吭声，凝视着中方主席。我思路一转，用征询的口吻问两位主席，是否能够定出一个比例，多少资金分配给体改所，多少资金分配给社会。

索罗斯听了，对我微微点了一下头，又转眼望着中方主席，等他的意见。在这关键时刻，索罗斯的私人代表说，他完全支持我的提议。这个表态对中方主席产生了影响，他点燃一根烟，猛吸一口，缓缓吐出，开口说："可以。"此语一出，气氛活了，大家开始讨论比例分配的问题。这时候，索罗斯不说话了，他安静地听我翻译中方的讨论情况。最后，中方主席对索罗斯说："体改所取四，社会得六，这总可以了吧。"索罗斯笑着举起双手，张开手指，示意五五平分。中方主席乐了。不过我相信，中方主席读懂了索罗斯五五平分的手意，但并没有读懂他的十指全部放开的含意。

会议结束后，索罗斯让我陪他去游泳。我们来回游了几趟，他停下来，站在水里对我说："中方主席让我有点失望。在布达佩斯，他向我表示赞同基金会独立自主，不受政府控制。我没想到在资金使用上，他的胸怀很狭窄。这点让我担心。"

我坚持在洗手间里的看法，说："现在的关键是要把事情做成。"索罗斯说："做事在人，人很重要，"说完，他潜入水中，然后冒出来又说了一句，"你今天表现出色。"

我笑着说："你的先死而后生，给我提供了后来妥协的可能性。"

"做事不仅要有原则，要发挥想象力，也应该懂得变通、果断、宽容、妥协。"索罗斯说完，又潜入水中，慢慢向前游去。

我们游泳完回到房间，赶紧换了衣服，去西餐厅和石油部长唐克吃午餐。唐部长已经先到了，他身材高大魁梧，满头银发，一脸帅气，笑呵呵地对索罗斯说："现在北京只有两家法国餐厅，一家在荣毅仁先生的中信大厦顶层，一家就在这里。我听说荣先生过两天会请你吃饭，我就选了这家。"

索罗斯笑问："哪家好？"

唐部长很幽默地说："对今天来说，是这家。"

入席后，唐部长没等索罗斯开口，就笑着夸他："我知道你去年放空美元，吃日元、马克，赚了有生以来最多的一次钱。你的基金公司去年获利122%，成为全世界第一家基金净值突破10亿美元的对冲基金。"索罗斯听了腼腆，不好意思说什么。唐部长又接着称赞道："我还知道你是去年整个美国工作报酬最高的人，年收入将近1亿美元。”

“运气而已，”索罗斯谦虚一句，然后幽默地反问，“你还知道什么？”

唐部长继续说：“最让我佩服的是，你所预测会升值的日元高涨时，你命令手下那些想获利套现的交易员，不准卖出，坚决守住，任凭日元狂飙。这种定力，非你莫属啊！”

索罗斯不习惯，也不喜欢别人当面说他的好话，他有点不自在，羞笑无语，开始吃饭。唐部长好话说完，马上把话题转到投资方面。他讲了很多，总之就是希望索罗斯能到中国来投资。索罗斯听完后，笑着对唐部长说：“我有一条原则，不在自己做慈善事业的国家进行投资活动，因为这两种不同的事业有利益冲突。”

唐部长听了索罗斯的回答，心里可能有点失望，但丝毫让人察觉不到，仍然笑呵呵地和索罗斯谈法国菜、红酒，以及自己曾经去过的某些欧洲国家。

饭后，我们把唐部长送走了。我笑着对索罗斯说：“唐部长见你之前的准备工作做得很好，连你去年赚了多少钱都知道。”

索罗斯在20世纪80年代中期访问中国时，与当时的石油部长唐克会谈，杨青当翻译。

索罗斯耸耸肩，说："事实上，1981年，我们损失惨重，基金净值亏了一半，只剩下两亿美元。我如果没有那年的巨额亏损，就不会有以后的成就。因为亏损让我尝到了失败的滋味，失败的极度痛苦反而让我释放出长期积累的压力，我在最松弛的心情下，头脑异常冷静，因此可以很容易嗅到商机，那才是真正的先死而后生的感觉。"

"你是怎样捕捉到翻身的商机的？"

"我刚才吃饭时对客人说，只是幸运而已，但实际上，不会有人知道我是如何抓住了百年不遇的机会。"

"如何抓住的？"

"对我来说，赚钱没有什么道理可言，就是凭自己的直觉，既然我的直觉让我作出了决定，那我会对自己的决定坚信不疑，绝不动摇。事实上，当时很多优秀的基金经理都在日元大涨时获利回吐，落袋为安，而我的直觉告诉自己，大涨还没开始，我反而要求手下再多买一些日元，然后牢牢抓住不放，坚持日元的涨幅达到最高，开始回落后才出手卖掉。"

"那你怎么知道什么时候是最高点，必须马上套现了？"

"直觉，这时候，我的背会很痛，而且会越来越痛，一直到我作出了立刻出场的决定为止。"

在华尔街，一位基金经理如果能够在5年之内，或者说在10年之内，保持不败的记录，那他已经是这一行的佼佼者了，而索罗斯被人敬仰，是因为他始终能够持续性地保持自己成功的记录达30年之久。索罗斯成功的秘籍到底是什么呢？这个问题几乎没有答案，因为它是天知、地知、索罗斯自己知的事。但根据曾经为他工作了10年的基金经理说，索罗斯与所有同行人不同的地方，就是他发号施令的勇气。索罗斯作决策时的胆略，或者说勇气，在这位基金经理的眼里，外人是根本学不来的。用他的话来说，索罗斯的直觉应该是属于艺术的范畴，不是科学，而是一种独特的创造力和激情冲动。

十五、难忘的一天

早餐后，我们前往颐和园。苏珊向往已久，是一行人中情绪最高昂的。她早就阅读了许多有关颐和园的介绍，一路上，她给索罗斯讲解这座闻名世界的优美园林的历史。进了颐和园，索罗斯夫妇被美轮美奂的园林秋景深深吸引。“这真是一个休闲的好地方！”索罗斯情不自禁地感叹道。我们沿着弯曲的石阶路，踏着满地的黄叶，慢慢登上了佛香阁，兴致勃勃地从阁楼上俯视园林全景。

从佛香阁下来，我们沿着长廊朝昆明湖畔的船坞走去。苏珊被长廊天花板上技艺独特的中国绘画迷住，她仔细欣赏，忙着照相。我告诉索罗斯，等一下坐船游览昆明湖时，会有一位年轻的哲学家相陪。此人是我的童年玩伴，名叫朱约林。小时候，我们一起横渡湘江，游了一半，他腿抽筋，我让他两手抓住我的肩膀，拼死游到了对岸的沙滩上。他现在是中国社会科学院的研究生，所学专业是物理学中的哲学问题。索罗斯一听，眼睛发亮，说：“走，上船去。”

朱约林已经在船坞恭候。索罗斯见了他，开玩笑地说：“你要是在昆明湖游泳，脚抽筋也没关系，我可以救你。”朱约林听了一头雾水，望着我发愣。我马上向他解释，索罗斯刚才听说了我们小时候横渡湘江的事。

朱约林恍然大悟，笑问："你很会游泳？"

索罗斯说："我在入读伦敦经济学院之前的夏天，在一个游泳池找了一份当救生员的差事，每天就是坐在游泳池旁边，注意有没有人脚抽筋。"

朱约林很好奇，又问："你救过几个人？"

索罗斯笑笑，摇摇头说："一个人都没救过。整个夏天来游泳池的还不到十几个人。我就是在游泳池旁边读了很多哲学和经济学的书。"

我们上船后，夏竹丽和我陪着苏珊，索罗斯早已忘记了我们和四周美景的存在，热切地和朱约林谈起了哲学。索罗斯先问道："你的英语怎么讲得这样好？"朱约林回答："'文革'时期，我在一家工厂当工人时，跟那些被管制劳动的神父们学的。"索罗斯非常高兴朱约林已经读过《开放社会及其敌人》的英文原著，而且也是波普尔哲学思想的追随者。他们两人你问我答，一来一往，完全沉浸在哲学讨论的快乐中。

苏珊早已按捺不住，瞪大眼睛，满脸通红，气愤至极地骂我："梁，你疯了，你和乔治俩人还疯不够，坐船游湖，你还找一个中国哲学疯子来凑热闹。"

我忍不住笑着说："乔治看来很幸福，随他吧。"

她又骂："胡扯，他幸福，我不幸福。这时候他应该陪我，懂吗？"

我笑着点点头。她火气还没消，压低嗓门，对我狠狠地命令道："以后，凡是我和乔治在一起时，不准安排人谈哲学，听见没有？"

我拍胸脯保证，说："听见了，这是最后一次。"

从此以后，我再没有让苏珊骂过我。

下午，夏竹丽陪苏珊去逛商店购物，我带索罗斯去友谊宾馆参加一个学术研讨会。出席研讨会的一百多人都是来自政治、经济、文化等不同领域的青年精英，他们个个志向远大、意气风发、才学丰富。毫无疑问，这些人中将有许多人会成为中国未来的栋梁。

中方主席的私人代表和我们一起坐车前往会场，他对我说："今天的会议很重要，前三排坐的十几个人都是通天人物，个个都有很硬的背景。"我把他的话翻译给索罗斯听："今天来参加会议的，有很多人很有来头。"索罗斯听了笑着说："来头越大越好。"

进了会场，我一眼看到，在座的每一个人手上都拿着一篇文章。中方主席的私人代表说，我的《知识分子》杂志1986年夏季号刊登的何维凌的译文，三天前就被复印出来，发给了来参加会议的人。也就是说，在座的这一百多人，都是索罗斯《金融炼金术》草稿第一章的最早的读者。我马上把这个情况告诉索罗斯："听众手上的文章是《论反身性原理》的译文，今天可能会讨论你的哲学思想。"索罗斯听了神情愉悦，微笑地扫视着整个会场。

这次学术研讨会请了两位翻译。一位是朱约林，他负责哲学部分；另一位是李青原，她负责金融部分。李青原当时正在北京外国语学院任教，她的经济学背景很好。当时中国出版的英语字典里还没有期货、权证等金融术语，李青原却对这些术语了如指掌，让她担任索罗斯的翻译真是我们的荣幸。

索罗斯的讲演分两个部分：他首先从金融操作开始，讲到自己如何把金融市场作为实验场，去证实自己的反身性理论是否正确，也就是让这个理论去接受市场的考验；然后，他谈到自己对哲学的酷爱，正是这种渴望获得智

索罗斯在20世纪80年代中期访问中国时，在北京青年经济学家座谈会上讲演。

慧成就的雄心壮志，让他花了几十年的时间，苦思不同的哲学命题，《反身性原理》只是其中之一的探索心得。“我认为哲学是一切事物的核心。”索罗斯坚定的话语迎来了热烈的掌声。

对于反身性原理，美国学者约翰·特雷恩在《大师的投资习惯》一书中如此解读，他说：“‘反身性原理’的本质是指认知可以改变事件，而事件反过来又改变认知。这种效应通常被称为‘反馈’。这就好比，如果你拴住一条脾气好的狗并踢它，骂它‘坏狗’，那么这条狗会真的变得很凶，并扑过来咬你，而这又会引来更多的踢打、更多的撕咬。

“用到投资方面，如果投机者相信美元将升值，那么他们的购买将推动美元上涨。这反过来又会使利率降低，刺激经济增长，从而推动美元再次升值。与此类似，如果许多投机者相信国际电话电报公司（ITT）或海湾西方石油公司（Gulf & Western），或其他任何公司的股价将上涨，那么他们的买盘就会推动股价上涨，而且公司管理层可以以更优惠的条款利用这些股票作价去收购其他公司，进而拉动股价再次上涨。”

接下来的讨论，让索罗斯兴奋、刺激、快乐。我非常理解索罗斯的心情。几十年来，哲学在西方已经退潮，沙特、卡缪的追随者越来越少。特别是在美国，文化的核心是金钱和科技，别说哲学了，小说和诗歌都很少有人读。反而在中国，此时此刻，青年精英们提出的各种问题都很精彩、独到，令人深思。大家争先恐后，抢着发言，辩论越来越激烈，气氛也越来越活跃。索罗斯面对这样自由开放的学术讨论会，真是感慨万千，忍不住低声对我说：“中国才是我的哲学家园。”

索罗斯在青年精英们的簇拥下，依依不舍地离开了会场，前往钓鱼台国宾馆，去主持“中国改革与开放基金会”的签字仪式，并受邀出席为他举行的欢迎宴会。

我们到达时，夏竹丽和苏珊已经到了，她们正在宴会厅外面观赏花园。中央领导人的秘书和索罗斯握手致意，然后带着大家一起在花园里散步。他说：“前两天，英国首相撒切尔夫人也是在这里，出席了我们国家领导人为她举行的宴会。她对这个花园啧啧称道。”

我们在花园小径上漫步，欣赏异石、流水、盆景、名花、奇草，苏珊欢喜不已，拍手称赞，说："在我们家里有一个这样的花园该多好！"

大家进了宴会厅后，两位共同主席在协议书上签字，双方都很高兴，举杯庆贺。在觥筹交错时，索罗斯问主人："我有一个要求，你方能不能让社会知道这件事？"对方爽口答道："没问题，明天的报纸就会报道此事。"索罗斯入座后，轻声对我说："万宝路、可口可乐花大钱在中国的报纸上登广告，可他打一个电话，社会就知道我们的事了，太好了。"我说："这就是中国特色。"

晚宴丰盛，主客有说有笑。中方朋友热情洋溢，要给索罗斯夫妇敬酒。索罗斯用舌尖沾了一点，连忙摇头说："太厉害了。"主人说："这是我国最好的茅台酒，请你还是尝一下。"索罗斯难负盛情，只好举杯勉强喝了一小口，然后，指着我对中方朋友说："他是我在中国的全权代表，也包括代我喝茅台酒。"大家哄然大笑，几个人端杯走过来，我只好帮索罗斯一一喝下去。结果，我喝得昏头涨脑，全身发烫。

在离开宴会厅时，索罗斯夫妇先走出去，我却在转动的门里走了好几圈。最后，夏竹丽陪苏珊坐一辆车先离开，我狼狈不堪地上了车，坐在索罗斯旁边。在回饭店的路上，索罗斯看我醉得一塌糊涂，还跟我开玩笑，逗我说话。我口齿不清，结结巴巴地问他："你觉得今天怎么样？"索罗斯很开心地说："今天将会是我一生中难忘的一天。"

我靠在他的肩头，醉醺醺地说："你过了一天哲学瘾嘛。"

索罗斯在20世纪80年代中期访问中国时，在北京和青年经济学家们座谈。

索罗斯对中国文化印象最深的就是哲学和历史。他去中国之前，没有想到中国的知识分子对哲学的爱好是如此之大。在北京的学术研讨会后，凡是和他接触过的中国知识分子，都会明显地感觉到索罗斯是一位哲学家，或者说是对哲学有极深研究的知识分子。索罗斯只要有机会和人谈哲学，就会兴致勃勃、滔滔不绝。在世人眼里，他是一位成功的金融家，可是很少有人知道，他对生命的意义、历史的演变、人的认知的局限性和现代艺术的特质等哲学问题，已经思考了一辈子，而且现在年过80，还没有放弃自己的追求。

索罗斯和经济学家王小强。中间是杨青做翻译。

十六、我要在长城上写书

天刚蒙蒙亮，索罗斯夫妇前往天安门广场散步。秋晨霜寒，广场上人少，非常安静。我们吸着冷空气走来走去。索罗斯走到人民英雄纪念碑前停住，凝望着天安门城楼对我说："我走遍大半个世界，见过许多国家的广场，只有这个广场最霸气。"我听了浑身一热，肃然起敬地说："因为天安门广场显示了帝王至高无上的权力和统御天下的威严。"

我们在中方的特别安排下，趁游客还没到来，赶早游览了故宫。从皇帝处理朝政的太和殿到皇家、妃子居住的六宫，索罗斯夫妇对这些华丽富贵的院落、金碧辉煌的殿堂赞叹不已。我们在雕刻着巨龙、海浪、流云的石阶旁走过，在金黄色琉璃瓦角飞翘的屋檐下走过，我们安静地在历史中慢慢穿行，细心地观赏。时间过得很快，我们从悠远的历史又回到了现实世界，然后，一行人坐上专车，直奔长城去了。

缓缓起伏、连绵无垠的长城呈现在索罗斯夫妇眼前了，他们显得格外激动。车刚停好，苏珊率先下了车，拍拍自己的肚子，半开玩笑地说："宝贝，你也和我一起登长城了。"说完，她撒腿就往上走。我们先后下车，急步跟上。刚走几步，索罗斯突然对我说："快去车上把我的书稿拿来，我要在长城上写书。"

“真的？”我问，有点不相信，但还是转身跑回停车处，从车上把书稿拿过来交给了他。

苏珊、夏竹丽和同行的中方朋友已经走到很远的高处了。索罗斯抱着书稿，跟在我的后面，一步一步往上走。我俩缓慢地登上了第二个烽火台。索罗斯喘着粗气，停下来休息。我俩再爬到楼台上，他找了一个角落，把书稿放在地上。我们深深呼吸，享受眼前壮观的秋景。

眺望远方，崇山峻岭，层峦叠嶂，尽览眼前，满山的绿松被赤红、金黄的枫叶点缀，真是绚丽斑驳，格外优美。我们静立着，神凝心醉。过了片刻，索罗斯问我：“我们可以在这里停留多久？”我看了一下表说：“一个小时。”

“够了，在这个千年古楼上，一个小时内，应该有些伟大的思想涌现，”索罗斯自己跟自己开玩笑说，“你去和苏珊他们玩，一个小时后再来找我。”

我把索罗斯一个人留下，去上面找苏珊他们。见到苏珊后，我告诉她，索罗斯要一个人待在烽火台上写书。她听了无可奈何地摇摇头，说：“乔治就是疯子，不管他了，我们下去找个地方休息，照相，买礼品，自己玩。”

一个多小时后，我们离开了长城，急急忙忙赶回城里去。中信集团董事长荣毅仁先生约好请索罗斯夫妇吃午饭。

荣毅仁请客的地方就在中信大厦的顶层餐厅。索罗斯猜想对方可能是请他吃法国菜。到了餐厅门口，荣毅仁的助手秦晓说，他们董事长要请索罗斯夫妇吃自己家乡的无锡菜。“我们董事长一般都是回家吃午饭，睡了午觉后再来公司上班，”秦晓私下对我说，“有重要的客人来访，他才破例。”

我们进了一间优雅的小房间，荣毅仁先递了一张名片给索罗斯，然后招呼客人入座。索罗斯拿着名片前后看了看，微笑说：“这是至今为止，我所见到的最特殊的名片，一看名片就知道你是一位举足轻重的人。”索罗斯把名片递给苏珊，她看了一眼，对索罗斯开玩笑说：“可能有一天，你的声望会让你够资格，有张像荣先生这样的名片。”说完，苏珊把名片给我看，

“荣毅仁”，名片上只印了主人的名字。我帮索罗斯把名片收藏好。

别的不说，荣毅仁先生在1986年年底，就被美国《财富》杂志评为世界50名知名企业家之一，这是新中国成立后内地企业家跻身世界知名企业家行列的第一人。后来在1993年，荣毅仁先生又当选为中华人民共和国国家副主席。

这样的身份需要一张印满头衔的薄纸片来张扬吗！

荣毅仁很谦虚地笑笑，对索罗斯说：“我的名字就是红色资本家的代称，也算是经济改革的一面小红旗，”说了一半，他凑近索罗斯，低声说，“其实我就是不想别人打电话影响我休息。”

索罗斯听懂了荣毅仁的幽默，哈哈大笑，连声称赞：“低调好，低调好。”

荣毅仁请索罗斯夫妇品尝自己的家乡菜。我相信，这是索罗斯夫妇从来没有吃过的最好的中国菜。每一道菜上来，索罗斯夫妇都吃了很多。实在太好吃了，索罗斯忍不住问荣毅仁：“你能不能把这些菜肴的菜谱送给我，我带回家去，让自己的中国厨子试着做做。”

“当然可以。”荣毅仁豪爽答道，让翻译马上去厨房抄写一份菜谱送给索罗斯。

荣毅仁可能已经知道，索罗斯和唐克部长前天吃饭时的谈话内容，所以从头到尾都没有提有关投资的事，而是很有兴趣地听索罗斯谈他自己对全球经济的看法。荣毅仁的助手秦晓对当时的国际金融市场提出了不少问题，索罗斯都一一作答。

“这位助手是难得的人才。”索罗斯离席时私下对我说。

饭后，荣毅仁陪索罗斯夫妇登上大厦顶上的露天阳台，他很自豪地对大家说，在当下的北京，这栋大厦是最高的了。站在阳台上，眼前的北京，空气污染严重，四周全是灰雾蒙浓。索罗斯看了心很不安，他问荣毅仁能有什么办法解决北京的空气污染问题。荣毅仁坦率地说：“这要靠国家制定相关政策才能治理。”

索罗斯转身对我说：“我建议基金会可以资助有关研究机构，专门研究一下怎样治理北京的污染问题。”

荣毅仁听了连声说：“好主意，好主意。”

下午，中方安排索罗斯夫妇去北京京剧团看专场表演。索罗斯夫妇到了京剧团后，非常吃惊，这里的设施很简陋，演艺人员的居住条件也很差。苏珊对我说："你们基金会应该搞一个项目，支持和保护中国的传统戏剧。"我点头表示赞成。

我们进了排练小剧场，剧团接待人员搬来了几把木椅，排成一行，请客人坐下。看戏之前，团长热情、耐心地向索罗斯夫妇讲解京剧的历史，剧中的唱、念、做、打是怎么回事，京剧演员分为生、旦、净、丑四个行当又是什么意思。索罗斯夫妇很认真地听，但听得也很吃力。结果，还是团长用一个恰当的比喻使客人轻松下来。他说："你们不懂意大利语，仍然热衷听意大利歌剧，而且可以被剧情深深感动，同样，不懂中文，也会喜爱中国京剧，也可以看得兴致勃勃、津津有味。"

他所言极是。表演一开始，索罗斯夫妇就进入了忘我的境界。演员的戏服、化妆、脸谱，让他们看得目瞪口呆；锣鼓、琴声、演唱、表情、动作，乐得他们不断地拍手叫好。

表演结束后，我们在团长和演员们的陪同下离开了小剧场。苏珊边走边回味京剧动作的优美感觉，兴奋地说："一根木桨可以代表一只船，一条马鞭就是一匹马，一个大步登上了宝殿，一串碎步就走了好几百里路，太神奇了！"

索罗斯说："这种动作的夸张，就和中国古代山水画的夸张表现是一样，似像非像的艺术蕴涵哲学的意味。"

苏珊听了不以为然，说："对你来说，什么都有哲学含义。"

索罗斯笑笑，拍拍她的肩膀，没有说话。

上车后，我们直接去友谊商店。在那里，苏珊欣喜若狂，一下子买了好几件京剧戏服，她高兴地对索罗斯说："以后参加化妆舞会，我们就穿中国的戏服。"

荣毅仁的幽默给索罗斯留下了深刻的印象，很多年后，他还经常对人提起这位红色资本家的谦逊。

十七、回味少年浪漫事

我们中午就要离开北京去上海。临行之前，我安排了音乐作曲家王立平跟索罗斯见面。这几天晚上，索罗斯单独会见了几位基金会评审委员会委员，对他们印象都很好。这些委员包括学者、编辑、记者，他们都是思想比较独立的知识精英。索罗斯认为，这些委员们能够对中方主席有制衡作用，使基金会保持对外开放的原则。

王立平除了搞音乐创作之外，还担任北京艺术家沙龙主席。这个沙龙是由北京的艺术家们自己组织起来的民间机构，成员有两百多人，定期举行联谊活动。王立平听说基金会在北京成立了，马上向基金会申报项目，要求资助他们的艺术家沙龙。两天前，他经过朋友介绍和我认识，请我安排他与索罗斯见面。他思想开放、热情、坦诚。我毫不犹豫，马上同意了。

索罗斯和王立平见面才几分钟，已经被对方活泼、开朗的性格感染。他很高兴地听王立平哼了几句短乐。这几句短乐是来自一首著名的匈牙利交响乐，索罗斯问王立平："你很熟悉匈牙利音乐家的作品？"

王立平回答："我不仅熟悉许多匈牙利的古典作品，12岁时，还参加了中国少年儿童艺术代表团，去布达佩斯访问表演过。"

索罗斯对王立平的这段经验很感兴趣，愉快地听他回忆布达佩斯少年行的那些美好故事。我怕时间不够，在旁边提醒王立平快说正事。他克制住自己的心血来潮，喝口咖啡，略为平静一下，把艺术家沙龙的项目讲给索罗斯听。说到最后，他激动地请求了一句："我想要成为第一个被批准获得资助的项目申请人。"

索罗斯问："你为什么要当沙龙主席？"

王立平回答："我相信，在我的领导下，艺术家们才有机会相聚一起，自由地表达思想，交流情感。"

索罗斯笑着说："我会投你一票的。"

王立平可是个了不得的人物。他是著名作曲家，曾任全国政协委员、全国人大常委、中国电影音乐学会会长。他的主要作品有，电影音乐：《潜海姑娘》《鸽子》《海港之歌》等。歌曲：《太阳岛上》《浪花里飞出欢乐的歌》《驼铃》《少林寺》《牧羊曲》《大海啊故乡》《太行颂》《飞吧，鸽子》《大连好》《江河万古流》《红叶情》《枉凝眉》《红豆曲》《葬花吟》《说聊斋》等。电视连续剧音乐：《红楼梦》《聊斋》《徐悲鸿》《李大钊》《阅微惊魂》《花木兰》《火烧阿房宫》等。

现在的两代人，不管你知道还是不知道他的名字，我敢说，总有那么些时候，你曾经被他的音乐所陶醉过。

苏珊已经准备出发了，她过来请我们结束谈话，并问我要保险柜的钥匙。我们入住饭店时，我把索罗斯夫妇的所有贵重物品都存放在前台办公室的保险柜里了。东西存放好后，我把钥匙交给了索罗斯，亲眼看着他把钥匙放进裤口袋里的。苏珊问我要钥匙，我转过身问索罗斯。他听了不知所措，摸摸口袋，抓抓头发，摇摇头，表示不知丢到哪里去了。

苏珊吃了一惊，瞪眼望着我，说："我真想不到，你会把钥匙交给他保管。他从来都是丢三落四的，千万别指望他。"

此时，索罗斯突然像一个做错事的孩子，红着脸，手足无措，一言不发。"不要紧，"我安慰他，"我去找经理来解决这个问题。"

东西拿好后，我们马上坐车去北京火车站。本来就出发晚了，交通又拥堵，等我们到了火车站时，离开车时间只剩下5分钟了。我扛着苏珊的大皮箱冲在最前面，后面的人急步直追。等我们一行人刚刚上了火车，火车就徐徐启动了。大家都跑得额头冒汗，不过还是觉得很好玩，有说有笑，分头进了自己的包厢。

晚餐时间到了，我们一起去餐车吃饭。入席后，索罗斯对我和夏竹丽说，坐火车去上海真好，这样一路上可以看到不同的自然风光和社会景象。饭菜送来后，苏珊尝了几口，皱皱眉头，说不好吃。夏竹丽是素食主义者，更不会动筷子。她俩离席回包厢，去吃从美国带来的罐头、奶酪、鱼子酱和饼干。索罗斯也觉得不好吃，但他还是慢慢吃，并说："不要期待火车上的饭好吃，就像飞机上的饭一样，不会做得很好。"

"我对火车上的饭有特殊的感情。"我边吃边和索罗斯讲了一段自己过去在火车上的浪漫事。

我说，从小我就喜欢四处乱跑，虽然贫穷，但并不妨碍我游山玩水。我经常独自一人，爬货车或者乘客车打溜票，冬天走南，夏天闯北，到了不少地方。有一次，在一列特快火车上，我认识了一位女乘务员，两人交谈甚欢，情投意合，干脆就到她值班的小房间，把门反锁，浪漫了一回。事后，我肚子饿了，女乘务员去餐车端来一盒热饭菜，把我反锁在值班房间里，让我一个人痛痛快快地大吃一顿。

我的故事没有增加索罗斯的食欲，而是引发了他强烈的好奇，他放下碗筷，说："走，你带我去看看乘务员值班房间有多大。"

车轮滚滚，汽笛长鸣，我俩在晃动的车厢里慢慢移步，一连走了好几节车厢，每节车厢的值班房间都关着门。索罗斯开玩笑地说："可能有人正在做浪漫的事。"再往前走，到了一间值班室，正好女乘务员出去加开水，索罗斯趁她不注意，进入小房间，转了一个身出来，笑着说："在这么小的地方做爱是很浪漫。"索罗斯触景生情，在回包厢前，站在摇晃的走道上，给我讲了他自己年少时的一个浪漫故事。

索罗斯说，在英国伦敦求学时，是他人生的一段低潮期。他遭受周围人的冷漠、轻视，非常孤独、痛苦。当时，他完全没有和女性交往的经验，但又渴望与女孩子接触，特别盼望有性生活。他试过在马路上主动找女孩子说话，也去过海德公园门口碰运气，找艳遇。

有一天，他终于成功了。傍晚时分，他遇到了一个女孩子，他们仅只说了几句话，就在公园长椅下的草地上亲密接触起来。那是一次没有吭声，只有激情和肢体动作的少年疯狂。“当时的情景，我现在还历历在目。我非常喜欢那次亲密接触，”索罗斯说得津津有味，“它让我消除了自卑情结。从那以后，我不再绝望，开始在交往女朋友时走好运了。”

我俩分享各自生活中曾经发生过的，很特殊的一次浪漫艳遇，彼此回味了年少疯狂的极乐经验后，互道晚安，回房睡觉。

早上到了上海时正逢下雨，我们坐车去国际饭店。雨下了一天，大家只好待在饭店里休息。

第二天，雨过天晴，我们去苏州玩。出了上海半个多小时后，沿途景色越来越漂亮。网织般的运河纵横交错，河岸耸立着一排排杨树和绿柳。快到苏州时，索罗斯建议我们先不进城，停下来，在河畔找一个地方野餐。“这里的风光好像匈牙利。满眼是小河、渔船、绿树、青草地、野花，实在太美了。”索罗斯说完，在河边走来走去，尽情欣赏四周的景色。

我们下车后，找了一个清净的地方，把随身带的食物都放在草地上，在和风暖日下开始野餐。“再来点手风琴伴奏就更美了。”索罗斯说。

到苏州后，我们参观了拙政园和留园。索罗斯夫妇在园林中沿着曲径闲步，一步一个景，景物多变。园林中自然而宁静的盆景、花草、树木让他们陶醉；富有诗情画意、别具一格的水榭、亭台、幽廊使他们倾心。玩赏了一阵，索罗斯提出，他要在留园水榭的一方静处睡个午觉。“就给我20分钟好了。”他说。

苏珊、夏竹丽和其他陪同人员去假山那边照相，我陪着索罗斯靠着廊柱休息。虽然游人很多，声音喧闹，但丝毫也不影响索罗斯。一会儿，他就打着呼噜沉睡了。

据索罗斯自己说，在伦敦求学的那几年，是他人生中最为孤独痛苦的一段经历。索罗斯生性内向羞涩，不太会与人交往，作为留学生的他，为自己没有朋友和性生活而苦恼。他那次在伦敦海德公园里和陌生女孩无语亲密接触的事，对他来说，应该是一次突破自己心理屏障的胜利。难怪很多年后，他和我提起这件事，仍然记得非常清楚。通过这件事，也可以看出索罗斯总是在痛苦达到极限时，突然一下，内在发力，立刻就让自己柳暗花明又一村了。

索罗斯与梁恒经常交流年少轻狂时的浪漫之事。

十八、这是一个很好的交易

从中国回来后，我的婚姻破裂了。夏竹丽和我的矛盾由来已久。她很不喜欢我为朋友的事投入太多的时间和精力，更反对我把他们带回家吃喝、住宿。自从《知识分子》杂志创刊后，我虽然已经不带任何人回家，但杂志办公室每天仍然人来人往，已经名副其实地成了中国知识分子中心了。我既要处理杂志社的事务，也要负责基金会的工作，晚上还要在杂志社和来访的朋友们聊天，经常聊到很晚，就睡在办公室了。

夏竹丽对我忍了又忍，后来因为两件事让她失望和生气，最终提出了要和我离婚。首先，我们合著的第二本书《恶梦以后》出版了，需要花很多的时间接受报纸、杂志的采访，上电视、电台的专访节目，还要去各地参加由学校、图书馆、社团安排的讲演。我没有完全放下其他的工作，全力以赴投入这些活动。另外，作为索罗斯的私人代表，我要经常去中国出差，我差不多成了“空中飞人”。终于有一天，我收到了夏竹丽寄给我的信，满满五页纸，流露了她对我的爱与怨，但基调是痛苦和悲观，结论是：“你和事业结了婚，我们分手吧。”

作为旁人，我们很难评判别人的婚姻。或许，确实如别人所说的，鞋子合适与否只有脚趾头知道。作为事业女性，夏竹丽也是很出色的。她目前是美利坚大学国际服务学院的教授，著述颇丰。

“哲王，我想马上见你，”我读完信后，心慌意乱，立刻给索罗斯打电话，“是家庭事务，我心里很难过，想听听你的意见。”

索罗斯在电话里说：“你来我家楼下等着，我们去公园谈吧。”

已经是下午四点多了，天气又冷，公园游人寥寥无几。我见了索罗斯，把夏竹丽的信给他看。他看完后，笑笑，把信还给我，说：“竹丽是天生的作家，她的文笔优美，言简意赅，你应该保留好这封信。”

我说：“现在不是欣赏文采的时候，我必须决定怎么办。”

“放松自己，没有什么大不了的事，”索罗斯边走边说，“不就是离婚嘛，我让律师帮你办好就行了。”

我深深吐了一口气，说：“离婚是肯定的，但是我心里不好受。”

索罗斯说：“你跟她结婚后，能够来美国，也有了机会发展自己。她

索罗斯与梁恒无话不谈。

也因为跟你结婚，分享了你的人生经验，能够有机会成为作家，名利双收。这是一个很好的交易。婚姻改变了你们的命运，离婚还会再次改变你们的命运，这又有什么不好？”

我说：“我从头到尾都没有觉得，我们的婚姻是一个好交易。”

索罗斯说：“如果你把它视为一个好交易，相互是公平的，心里就不会太难受。”

我说：“我知道你在安慰我，其实，我也不觉得离婚是坏事。”

“离婚是追求幸福的表现，”索罗斯的语气很肯定，接着又说，“在传统社会中，人际关系简单，家庭、婚姻、友情都很稳定。在现代的开放社会里，无数的可能性带来了变动，这些变动往往会很容易改变夫妻、朋友，甚至邻居等关系的稳定。”

我没想到索罗斯从我的婚姻破裂，扯到了开放社会这个政治哲学问题。我说：“按你这么说，开放社会的缺点之一就是它的不稳定性，”此刻，我内心对自己向往的开放社会有了一点悲观，不由叹了一口气，又说，“看来开放社会的毛病还很严重啊。”

索罗斯说：“从古至今，世界上就没有出现过完美社会，正因为社会不完美，我们才有机会去改变或影响它，使之更完美。这就是开放社会的生命力所在。”

我从索罗斯的哲学思路回到自己的问题，说：“从稳定到破裂，这个现象正好在我的生活中发生了，我不得不面对变动。”

索罗斯说：“人与人之间的亲密或疏远，是由变动的程度来决定。我们不仅要敢于面对变动，而且要习惯和适应变动，更重要的是能够了解变动的本质。”

理论归理论，情感归情感，总而言之，我的心情还是不好受。我对索罗斯说：“也许对你来说，人际关系都是具有交易性质，或者说，在我的具体问题上，变动的程度已经决定了我和夏竹丽的婚姻应该终止，但我在情感上还是有点舍不得，特别是对她的父母。”

我情不自禁地说到夏竹丽的父母对我特别好，我把她父母关爱我的事情一件件讲给索罗斯听，说着说着，我的眼泪都流出来了。

索罗斯看我这样伤感，很不自在，对我说：“梁，这样不好，你是一个男人，不要哭。”

我觉得索罗斯此刻特别冷酷，一点都不近人情，抽泣地大声说：“我就要哭，他们对我太好了。”

“把好记在心里，一辈子记着，但不要哭。”索罗斯的话给予我很大的力量，我把他的话铭刻于心了。

索罗斯停住脚步，等待我缓和一下情绪，然后，口气温和地说：“你们离婚后，还可以做好朋友，你还是可以经常去看她的父母。我和安娜丽丝现在仍然是好朋友，我还是很关心她。而且离婚后，我和三个小孩的关系反而越来越亲密了。”

我心里比刚才好受多了，马上说：“用你的话来说，你的婚姻变动反而变成了好事，使你与儿女们的关系由疏远发展到亲密了。”

索罗斯笑笑，没有再说话。我们又走了一会儿，天色暗下来，寒风吹起枯叶，公园又冷又黑。我们掉头往回走，索罗斯让我和他一起回家吃晚饭。“你现在不要一个人待着，到我家去玩，过了今晚就好了，”他说到这，又问我，“你什么时候给夏竹丽答复？”

我回答：“今晚打电话。”

索罗斯说：“最好是明天找一家餐馆或咖啡店见面，在那种地方说话，彼此不会太难受。”

我问索罗斯：“你和安娜丽丝分手时是不是也有点难受？”

索罗斯说：“我没有时间难受。我正在想股票交易的事，急急忙忙收拾东西，装了三箱衣服、两箱书，叫了一辆出租车，去新租的公寓把东西放好，赶紧回办公室做交易去了。”

“我可能只有一个箱子，就直接从家里搬到杂志社住办公室了。”我说完叹了一口气。

索罗斯的家离中央公园只隔一条街。我们走出中央公园，穿过马路，到了他家楼下。索罗斯突然停步，对我说：“你什么都不要担心，我可以给你钱，你离婚后足够用了。”

我心里一热，说：“哲王，谢谢你的好意，我不要你的钱。”

索罗斯问：“为什么？”

我回答：“我真的不要你的钱。我这个人，怎么样都行。我可以跟着你住高级饭店，坐私人飞机，和世界级权贵富豪们一起吃饭，也可以吃一盘扬州炒饭，喝一碗酸辣汤，在简陋房间的小床上看书。随遇而安，我都可以，你千万不要为我担心。”

索罗斯听了我的回答，笑呵呵地拍了一下我的肩膀，什么也没说。我俩走进大厅，乘电梯上楼去。刚进门，索罗斯直接去卧房找苏珊，对她大声宣布：“梁要离婚了，他现在是我们家的一员了。”

苏珊在卧房叫我过去，声音听起来很高兴。我进去后，她坐在床上，满脸笑容地说：“恭喜你，我早就觉得你们不合适，终于等到了这一天。好了，现在让我来当你的犹太妈妈吧！”

对索罗斯而言，人与人的关系就是互利的交易，因此，只要做到利益分配公平，别说与合伙人分手，跟自己的太太离婚也很心安理得。而且索罗斯很不习惯看别人流泪，对他来说，伤心动情是很不冷静的表现。二十多年来，我只看见索罗斯眼睛湿过一次。那是他在海边别墅的花园里吃早餐时，看报纸得知他的哲学启蒙导师卡尔·波普尔去世了，他顿时悲从中来，眼睛湿了。他控制住自己的情绪，起身走到花园隐处的一个小亭子里独坐了很久。

十九、你可以和她约会

我和夏竹丽离婚后，索罗斯很着急我没有女朋友。有一天，他的女儿艾德丽安娜从芝加哥大学放假回纽约，专门过来看望他。父女俩见面闲谈一会儿后，艾德丽安娜到苏珊的书房来找我聊天。这是我们第一次见面。她长得很像索罗斯，眼睛漂亮，性格随和，说话时笑眯眯的。她已经听她爸爸讲过一些有关我的事，她说很想过来见见我。我们一下子就相处得亲切自然，无话不谈，偶尔还开她爸爸的玩笑。从闲聊中，我了解到她对中国也很感兴趣，她的事业理想是大学毕业后，自己创立一个基金会，专门资助西藏的文化和教育。

我和艾德丽安娜在一起时，感觉到她很喜欢我。她刚一离开，索罗斯就进了书房，笑着说："如果你愿意，你可以和她约会。"我听了很不好意思，半天没有说话。他又说了一句："你自己决定，反正我不会反对。"他刚说完，我心念一闪，脱口而出："我对她没有那种感觉。"他追问："没有？"我回答："真的没有。"索罗斯笑眼望我，耸耸肩，表示遗憾。

从这次书房谈话后，差不多又过了半个月。一天下午，索罗斯回到家，直接到书房来找我。苏珊正好不在。他表情有点神秘，悄悄对我说，有一位好莱坞的女演员，名叫德博拉，对他很有兴趣。他们是在一次私人晚宴上认识的。“她非常妩媚性感，”索罗斯对我眨眨眼，又说，“如果你愿意，可以和她约会。”

我有点困惑，问：“她不是喜欢你吗？我怎么可以追她？”

索罗斯笑笑说：“我让你去追她，这样既可以消除我的麻烦，你也可以交个女朋友。”

我觉得有点刺激，但还是想搞清楚，又问：“仅仅是追，还是可以和她做真情人？”

索罗斯笑了笑，拍拍我的肩膀，说：“不要犯傻，当然是做真情人。”

我把话说得更明白：“真情人在一起就会做爱的。”

索罗斯说：“那就要看你的了。”

我立刻按照索罗斯的信息，制订了一个让德博拉移情于我的计划。我们三人于第二天在一家法国餐厅吃晚饭。饭后，我和德博拉去蹦迪，索罗斯借故累了回家。如果两天后，我和德博拉有戏，我就马上带她去欧洲度假。索罗斯听了很高兴，说：“就这样定了，你只要开心就好，所有的费用都由我出，行吗？”我爽快答道：“何乐而不为。”

之后我和德博拉的关系有了一些进展。我决定尽快飞往伦敦，并告诉了索罗斯。索罗斯听了马上说：“你们在伦敦就住在我的公馆奥士兰花园，苏珊就在我旁边，我跟她说一声。”一会儿，苏珊接过电话说：“我马上让秘书通知奥士兰花园的管家，你们就用我们的主卧房吧。”

从欧洲度假回来后的第二天，我和德博拉参加了索罗斯家的化妆舞会。刚进去一会儿，索罗斯把我拉到厨房，轻声问我：“玩得很开心吗？”

我回答：“不是很开心。”

索罗斯问：“怎么回事？”

我语气肯定地说：“我不喜欢每天陪她喝酒，看她喝得烂醉。我想再过几天结束和她的关系。”

索罗斯说：“你自己决定吧，不管怎样，你游了伦敦，长了见识，学会了喝酒，了解了这一类女人，这都是很有意思的嘛。她也不会再找我了，这个结局很好。”

我和德博拉分手后，苏珊有意为我安排了一次晚餐聚会。她让我坐在她的朋友玛丽安旁边，希望玛丽安对我有所了解，再把我介绍给她的女儿凯瑟琳。玛丽安是一位中年小说家，敏感、大方，举止言行间都流露出迷人的风情。她和我聊了几句话后，主意已定，要把女儿介绍给我。

几天后，玛丽安请我和索罗斯夫妇去她家吃晚饭，让我和凯瑟琳认识。凯瑟琳漂亮、聪明，人很实在，和我谈得来。这次相识后，我带她去跳过几次舞，吃过几次饭，也去酒吧喝过几次酒。可是我们不亲密，甚至连牵手的动作也没有。我仔细想想，发现是自己的问题，因为我内心里喜欢的是她妈妈。

过了几天，我去找索罗斯，在他的书房里，我把自己喜欢凯瑟琳妈妈的心事告诉了他。索罗斯听后，犹豫了一下，马上说："如果你愿意，你可以跟她约会。"

我本能察觉到索罗斯内心微妙的变化，立刻问："你为什么有点犹豫？"

"我也很喜欢凯瑟琳的妈妈。"索罗斯回答。

我顿时松了一口气，说："谢谢你说实话，我以后只会和她们母女俩做普通朋友。"说完，我学索罗斯的样子，眨眨眼，逗他说："如果你愿意，你可以和她约会。"

索罗斯喜欢在生活中寻找刺激，也喜欢听我的刺激经验。我们之间不忌讳谈女人。有时候，他和我在大街上散步，如果有漂亮性感的女人擦身而过，我俩会停下来，转身欣赏远去的女人，并对她评头论足一番。

二十、助人不要想太多

这些日子，苏珊的书房充满了火药味。我每天下午去基金会临时办公室上班，总是会听到苏珊对我抱怨索罗斯给她添乱，或者在电话里和索罗斯大吵，甚至痛骂对方。苏珊出任开放社会基金会总裁后，项目越来越多。不同国家的项目都需要她负责协调、拨款、记账、监督执行。她非常能干，做事认真，有效率，但就是常常受到索罗斯独断专行的干扰。索罗斯做事随心所欲，稍微觉得哪个项目有问题，也不告诉苏珊，就直接命令秘书立即取消苏珊的决定。

苏珊跟索罗斯说了无数次，请他改变计划时事先给她打招呼，索罗斯根本不把她的话当回事，两人的矛盾越积越深，吵得也越来越厉害。就在基金会临时办公室搬出苏珊书房的前一天，索罗斯和苏珊为了一个项目在我面前大吵了一架。苏珊愤怒极了，高声嚷道："我把你的基金会管理得这么好，你不但不感谢我，还总是让我难堪，你这是在折磨我。"

索罗斯厉声说："我的决定是正确的，事情就应该这样解决。"

苏珊大吼："你至少应该和我商量一下。"

索罗斯狠狠训斥道："商量的结果，就是错误决定已经被执行了。"

苏珊受不了索罗斯和她针锋相对，一声怒骂：“滚出去，我不要听了！”

索罗斯毫不让步，怒气冲冲地说：“该滚的是你。”说完转身就走了。

第二天，我的临时办公室从苏珊的书房，搬到了索罗斯基金管理公司大楼。中国基金会新办公室在33楼，窗户正对着中央公园，景色绝佳。从那以后，中国来的朋友们都乐意到我的办公室坐一坐，喝杯茶，观赏一下被高楼大厦环抱的一片绿草地。

新办公室搬好后，我还没有去过索罗斯的办公室。一天下班后，差不多七点了，我去邀索罗斯一起回家，进了他的办公室，我吓了一跳，索罗斯在办公室完全变成了另外一个人。他眉头紧皱，面无表情，目光如箭，说话都是命令的口气。他对站在眼前的人下达指令后，仅只扫了我一眼，手一挥，发令道：“半小时后来找我。”我没料到他在办公室竟然这样令人生畏，立刻转身溜了。

快八点了，我再回到他的办公室。他看上去仍然是冷漠严酷的样子，一句话也不说，站起身来，不搭理我，出了办公室，径直往电梯走。我跟在他身后，进了电梯，他也不和我说话。从办公大楼出来后，走了几步路，刚拐了一个弯，他忽然转身，主动招呼我。一瞬间，他又变成了我熟悉的那个面带微笑的索罗斯。

我定定神，说：“哲王，你在办公室的样子太可怕了。”

“有那么可怕吗？我每天在办公室都是这个样子。”

“不仅可怕，而且很丑。”

索罗斯听了不以为然，对我严肃地说：“在办公室，你不要和任何人相处太熟，也不要跟别人说我。在这里工作的人，没有人知道我在想什么，也不知道公司有多大，在干什么。他们每个人只要做好自己分内的事就行了。”

我问：“除了你，还有谁清楚公司的事情？”

索罗斯回答：“财务总监。”

我开玩笑地说：“你就是一个独裁者，在神秘地经营自己的王国。”

索罗斯在北京他新书的出版发布会上为读者签名。

索罗斯说："我的事业与'官僚'二字无关，我必须独裁行事。一个好的决定，必须在十分钟内得以执行。因为再过十分钟，这个决定也许就不好了。"

听了索罗斯的这番话，我立刻做了一个决定，并对他说："我再也不会去你的办公室谈事情，有话和你在家里说。"几十年过去了，时间证明这绝对是一个好决定。

中国基金会纽约办公室主要负责两个大项目：一是和美国十几家大学出版社和商业出版社合作，赠送各类英文图书给中国某些大学图书馆和研究机构；二是和美国十所名校合作，以提供资助的方式，建立访问学者计划，安排中国各方面的人才去进修学习。与此同时，纽约办公室也接受中国留学生的资助申请。

一天晚上，我带索罗斯去纽约亚洲协会，听谭盾的音乐会。谭盾当时在哥伦比亚大学音乐系学习。他请求基金会资助他的音乐创作和表演，我批准了他的申请。我们入场晚了，在最后一排坐下，安静地欣赏这位获得资助的青年音乐家的表演。谭盾的音乐很个性化，也很超前，无旋律、无节奏、无乐调，但听众对他的创作还是肯定的，报以了热烈的掌声。

现在看来，我们对谭盾的资助是非常正确的。他后来不但顺利完成学业，获得哥大音乐艺术博士学位，而且成就非凡。1988年，在基金会资助下，他在美国举办了个人作品音乐会，这是中国音乐家在美国首次举办的音乐会；1999年因歌剧《马可波罗》获得格莱美作曲大奖；他为电影《卧虎藏龙》的作曲获得2001年奥斯卡金像奖"最佳原创配乐奖"；他还为2008年北京奥运会创作了一首《拥抱爱的梦想》。20多年来，谭盾通过他的音乐把中国文化传到世界，受到各地音乐爱好者的尊重和喜爱。谭盾现在已经是在国际上享有盛誉的著名作曲家。

音乐会结束后，索罗斯和我去附近的一家酒吧喝酒。进去后，他要了一杯加冰块的威士忌，我点的是一杯金汤利。我俩在一个幽暗的角落里坐下，听着缠绵悱恻的爵士乐曲，喝酒闲聊。

索罗斯先问我对谭盾的音乐怎么看，我说很难评论，他要么是一个奇才，要么是喜欢标新立异的音乐人，这需要时间验证。我暂时很难欣赏他的作品，我之所以批准他的资助申请，是因为他有音乐才华，而且一贫如洗。我又告诉索罗斯，我最近还批准了许多普通留学生的资助申请。他们有的需要钱买机票回家，有的需要钱买书，还有的人申请理由简单：没有时间打工，需要钱吃饭。

索罗斯笑着问："你为什么要批准这样的项目？"

我回答："我不在乎他们没有名气，我帮助他们，是因为他们的要求合理。"

索罗斯又问："你不怕他们骗你？"

我摇摇头说："我不想那么多，如果骗我，肯定是有苦难言。"

索罗斯喝了一口酒，很高兴地对我说："应该这样，帮助别人时，不要想太多。"

索罗斯的话让我很开心，我端起酒杯饮了一大口，笑笑说："我小的时候，为了填饱肚子，经常会有说谎话、欺骗人的时候。在动乱时期，撒谎骗人是我的求生之道。"

索罗斯点头同意，接着跟我讲了一个小故事。他说，在伦敦当学生打工时，他的小腿受伤骨折。他因为合法打工受伤，已经获得了政府伤残基金补助。但他缺钱用，于是，想借此事再向当地犹太人协会搞一点补助。他决定撒谎。他拄着拐杖爬上五层楼，欺骗对方说，他是非法打工负伤的。对方相信了他的谎话，可是又迟迟不给他钱，原因是想让第三者查核。他一气之下，给对方写了一封控诉信。结果对方马上写信向他赔礼道歉，同时也把钱给了他。

索罗斯很得意自己写信痛骂慈善机构的往事，跟我碰了一下杯，又说：“在非常时期，法律秩序没有用，很多人要靠弄虚作假才能生存。同样，在正常时期，一个人的生活也会出现非常情况，为了生存，他不得不撒谎或骗人，只要没有伤害别人，道德也许要让位于求生。”

酒吧客人渐少，爵士乐曲仿佛是在细语沧桑，让人心动情牵。我俩兴致未尽，继续喝酒、聊天、听音乐，舒心愉快，自得其乐，一直到夜深才回家。

索罗斯的基金管理公司从1985年的二十几个人发展到后来的两百多人，可是，孤傲的索罗斯从来只认识最高层的几个人，也只和这几个人打交道。他没有任何兴趣去认识自己的员工，仅只是在每年一度的年终酒会上露个面，对全体员工说两句话。即便是和最高层的几个人一起工作，他也绝不会和他们亲密，这种严格地控制自己与他人的感情距离，使得他周围的人永远看不透这位老板。索罗斯最信任的财务总监曾经很感慨地说，他和索罗斯相处差不多二十几年，索罗斯从来就没有让他有机会靠近自己，而且索罗斯在办公室也从不高声说话或者骂人，总是一副冷酷无情的样子，如果索罗斯对某件事很不高兴，他就会独自无声地走开。我很走运，只见过一次索罗斯在办公室凶神恶煞的样子。

索罗斯年轻时欺骗慈善机构，获得双份补助金的经验，让他在骨子里根本就不喜欢官僚的慈善机构，这也包括后来他自己亲手创建的慈善基金会。索罗斯始终相信，如果某人来向基金会申请资助，那肯定是有其原因的，即便是编造所谓的理由也是可以理解和允许的。基于这种认识，索罗斯在做慈善时，经常会绕开自己慈善基金会的各级官僚，亲自和申请资助的人面谈，不喜欢对方，当面就拒绝，喜欢，立刻就同意。索罗斯的这种风格常常会让他的慈善基金会的官员们头疼，但大家屈服于他的威严，只能按其令行事，不敢多说半句话。

二十一、她当老板，你作决定

北京办事处的工作方针是“小心谨慎，低调行事”。我们开始是在燕京饭店租了一个小房间做办公室，后来搬到东城宽街附近的一个小四合院办公，门口只挂了一个不显眼的小牌子“中国改革与开放基金会”。北京办事处雇了5个人，虽然人员少、地方小，但每天要接待很多热心的项目申请人。我们并没有搞宣传、登广告，完全是各路精英口耳相传的结果。闻讯而来的申请人，除了和工作人员谈自己的项目，也能够在办事处结识其他有改革志向的同道人，彼此在一起交流思想。这些日子，办事处人来人往，热闹得很。

1987年上半年，我都在北京工作。作为索罗斯的私人代表，我会亲自听取通过初审的申请人介绍自己的项目，在审批项目的会议上代表索罗斯投票。基金会的工作成绩斐然，在短短的时间里就收到了200多份申请，其中有40个项目获得资助。按当时的情况来说，这些项目都符合改革开放的方针，也都具有创造性。

每次审批项目结束后，我都会给索罗斯打电话汇报会议情况。索罗斯严格执行自己制定的原则：“基金会由当地人管理，为当地人服务。”他对资助的项目没有任何异议，尽管有些不是他感兴趣的。

“北京艺术家沙龙”是第一个被批准的项目。他听到这个消息很高兴。我跟他说，基金会资助的项目比较广泛，包括出版研究民族戏曲的书籍、创办函数学校、对经济改革的政策进行民意调查、收集各地的民谣后制成录音带保存好、调查研究如何治理污染、资助不同学科的人才去国外大学深造，等等。他每次听了汇报后，总是连声称好。

索罗斯最感兴趣的还是与哲学、文化有关的项目。有一次，我打电话告诉他，武汉大学哲学系准备举办关于“波普尔哲学思想”的研讨会，我想亲自去了解一下情况。“如有可能，我都想去参加这个研讨会。”索罗斯在电话里的声音有点兴奋。后来，在我们的资助下，这个研讨会办得很成功。索罗斯虽然抽不出时间赴会，但他看到了递交会议的几篇英译论文稿，高兴不已，而且在自己的哲学著作中，还引用了这些论文中的一些观点。

还记得有一次，我在电话里向索罗斯汇报了两个项目。美术学院的一位教授获得资助，准备组织好几批学生，去民间寻找、收集在“文革”中遭到严重破坏、即将失传的传统手工艺品。师生们将会把古老的手工艺品登记存档。

“这个项目难度大，但很具挑战性，我想将来有机会能看到他们的成果。”索罗斯在电话里跟我说。

我接着告诉他，我们还资助了一个口述历史计划。有几位学者策划好了，要让来自不同社会背景和阶层的人，在不受任何干扰的情况下，把自己在动乱岁月的经历和遭遇口录下来。

“这是非常有意义的工作，”索罗斯的声音很严肃，“我会建议开放社会基金会，把中国人口述‘文革’历史的经验介绍给其他国家的历史学者。”

我在北京工作的几个月里，和办事处的工作人员杨青相爱了。她出身于知识分子家庭，父亲是中央音乐学院的教授，母亲是钢琴艺术家。她自小喜爱音乐，师从曹正先生学习古筝，琴艺精湛。但她爸爸预感到中国必将走向世界，没有让她从艺，而是鼓励她学习英文。杨青聪明过人，学习勤奋，从英语专科学校顺利考进了北京外国语大学，毕业后，被分配到联合国驻日内瓦的中国代表团做同声翻译。回国后，又被挑选到基金会北京办事处工作。

索罗斯和梁恒及杨青。这是梁恒和杨青第一次认识。

经过一段时间的相互了解，我们彼此都认为对方是自己合适的选择。于是，我决定把这件事告诉索罗斯夫妇。

我给索罗斯家打电话，苏珊接了电话。出乎我的意料，她在电话里先把索罗斯数落了一番。4月下旬，苏珊生了第二个男孩，名叫格瑞格里，他是索罗斯的第五个孩子。此时，索罗斯57岁。苏珊对我说，索罗斯这次没有像对亚历山大出生前后时那样，花时间陪她，孩子出生时，他也没有去医院。“他已经不是一个顾家的人了。”苏珊的口气很不高兴。

另外，苏珊告诉我，她和索罗斯还是不断地为工作的事争吵，这种摩擦和冲突严重影响了他们的婚姻。

苏珊说：“我对这份工作没有任何兴趣了。”

我很吃惊，问道：“那你准备做什么？”

苏珊回答：“可能还需要时间过渡，乔治也在找人取代我。”

接着，她很诚实地对我说，她生性嫉妒，在这个位子上很不合适。她每次汇款时，小钱给出去无所谓，大数目的钱送给别人，心里就不平衡。其实，这也是她和索罗斯争吵的原因之一。索罗斯的慈善捐款数额很大，动辄就是几百万美元甚至几千万美元。她左思右想，与其说自己亲手把巨额捐款汇出去，还不如眼不见心不烦，干脆让索罗斯给她钱，自己办一所艺术学院，全心投入教育事业。

等苏珊讲完心里话，我把自己有了女朋友的事也详细说给她听。她很高兴地说：“太好了，你不需要我当你的犹太妈妈了，有人可以照顾你了。”我告诉她，杨青已经收到了美国哥伦比亚大学研究生院的入学通知书，我会在7月份带她去纽约。

两个月后，我和杨青到了纽约。那是一个周末的下午。我们刚出机场，就给索罗斯打电话。他很高兴，要我们在机场等着，马上和苏珊开车过来，带我们一起去海边别墅度假。一个多小时后，索罗斯亲自开车，在约好的地方接了我们，直接前往南汉普顿。索罗斯喜欢开快车，为此吃了不少罚单，他只好专门在车上安装了一个雷达警示器。凡是有警车在附近，雷达警示器就会预报，他立刻会放慢驾车速度。

“青，我有点后悔，你刚下飞机，就把你带到南汉普顿去，因为那里不能代表真正的美国。”索罗斯用他独特的幽默欢迎杨青。

苏珊笑着说：“青和梁会结婚的，她在美国安了家，会有足够的时间了解真正的美国社会生活。”

索罗斯一边开车一边对杨青说，他26岁远渡重洋来纽约时，本来计划只在华尔街拼上5年，赚足了50万美元就回英国做哲学学者。没想到5年后，除了研究哲学的雄心未灭，一切都变了，真是世事难料。

索罗斯的话没有引起杨青的反应，她和苏珊都已经在后座睡着了。索罗斯开始问我有关杨青和她家里的事。他听说杨青9月份就要去哥伦比亚大学读研究生时，马上说：“我给她出钱读书。”我谢谢他，说：“学校看了她的成绩单和教授的推荐信，给了她最高荣誉奖学金，每年5万美元。”

索罗斯啧啧称道：“青是好样的，好样的。”

我问索罗斯：“如果我和她结婚，你觉得怎样？”

索罗斯说：“她各方面都很优秀，你要好好珍惜她。另外，你从小无拘无束，特立独行惯了。她是在一个完整的家庭长大的，不仅跟你相处很难，而且还会把你管得很严。”

我听了心里不免紧张，马上问：“那我们以后的家庭关系应该如何相处呢？”

索罗斯妙语一句：“她当老板，你作决定。”

当年，26岁的索罗斯只身到美国闯天下，是有明确的目标的：奋斗5年，赚足50万美元，然后回到英国去当哲学家。可是他没想到一脚踏进华尔街，就再也回不了头。但是，正因为他对哲学不是一般的爱好，而是视之为自己终生去追求和探索的最高理想，即使是在华尔街从事金融投资活动，他也会抽出时间埋头钻研哲学问题。这也是为什么他会对资助哲学研究的项目特别兴奋，而且对中国学者的哲学论文极有兴趣。

索罗斯和杨青及她的父母。

二十二、只要不死，就有活法

刚回纽约不久，北京办事处传来消息：某些保守人士对改革开放国策提出怀疑，担心私有经济、黑市和门户开放会造成中国社会动荡。在这种政治压力下，改革开放的步子有所放慢。

我们的基金会也遭到保守人士的攻击。公安机关的某个部门甚至对索罗斯提出指控，其逻辑是，索罗斯是资本主义社会的富翁，不可能拿出自己的钱来帮助中国的现代化建设。他一定是美国中央情报局的特务，用美国政府的钱在中国搞破坏。

据说，这份指控报告送到党内高层时，受到了批评。当时，在苏联担任外长多年的老革命家葛罗米科，刚刚批准了索罗斯在苏联成立基金会的报告。以葛罗米科丰富的革命斗争经验，是不可能公开支持所谓有美国中央情报局背景的人的。这个情况从侧面反驳了指控报告。

我听到这个坏消息后，马上去南汉普顿找索罗斯商量该怎么办。到了海边别墅后，我直接去游泳池见他，他正睡在躺椅上看书。我把情况向他汇报后，他镇定自如，把书搁在一旁，对我说："中国的改革开放不可能一帆风顺，对我别有用心的指控，在其他国家也发生过。我们在中国的问题，是基金会已经陷入了政治斗争。别忘了，基金会是在中国高层领导认可支持下，和经济体制改革研究所合作成立的。创立基金会是改革开放的一种尝试，一定会受到保守人士的攻击。”

我说：“上了改革船，就顺着急流漂吧。”

“很有翻船的可能啊。”索罗斯说。

我又说：“浪平船稳不得意，浪汹船危不退缩。”

索罗斯笑笑说：“那只是一种态度。很多时候，浪打船翻是不可避免的。”

第二天，我飞回北京去处理危机。其实，在我到北京之前，中方已经定好了处理危机的方案。基于有关部门的指控，某位领导人要求关闭基金会。经中央高层领导协调，解决了这个危机，同时也做了调整。按有关指示，基金会和体改所脱钩，把基金会移交给国家安全部，让中国国际文化交流中心成为基金会新的合作伙伴，并让国家安全部的于恩光副部长兼任中心主席，以及基金会的联合主席。这个化被动为主动的方案意图很明显，由国家安全部直接监管基金会，可以避免再有人对基金会的非议。

索罗斯会接受这个方案吗？中方认为关键是要说服我。等我一到北京，他们就在北京饭店安排了交接会议。前中方主席、于部长、部长助理和我四个人开会。我当时听了这个方案后，心里很明白，这是目前唯一的选择。虽然我们暂时度过了危机，但索罗斯所说的“浪打船翻”还是很有可能的。前中方主席讲完方案，把我介绍给新的合作伙伴后，马上离开，从此再也没有见过面。

于部长给我的印象很不错，50来岁，身体魁梧，浓眉大眼，举止儒雅，说话务实。他做过很多年的新闻记者，曾任新华社伦敦分社副社长，华盛顿分社社长，国家安全部副部长，去过许多国家，见多识广，说一口流利的英语。我们相处融洽，话也投机。他说，那些对索罗斯的指控完全没有任何证据，是不实之词，让我回去转告索罗斯不要把这件事放在心上，中国的现代化建设需要各种朋友的帮助和支持，当然也包括像索罗斯这样富甲一方的友好人士。

顺便说一句，于恩光先生退下来后，现仍担任中国全国人大外委会委员、中国国际文化交流中心副理事长、中国战略与管理研究会常务副会长，是著名的国际问题专家。

我回到纽约的那天，正碰上美国股市自20世纪40年代经济萧条以来最大的崩盘。机场里人气低迷，出租车里的广播也让人惊惶不安。第二天，媒体报道索罗斯损失惨重，是整个市场一天之内赔得最多的。因为当时他在美国做多，在日本放空，美国做多的部位一路下跌，在日本，由于政府铁腕护盘，放空的部位没有下跌。据报道，他的投资公司受到了生存威胁。

我读完所有的报道，为索罗斯捏把汗，整整一天都坐立不安，终于等到天黑，赶紧去索罗斯家看望他。

我轻轻走进他的书房，看见他正在伏案疾书。我不想打扰他，在沙发上屏息静坐。过了一会儿，他抬起头，把笔放下，笑着对我说："你看上去不紧张，我猜你的中国朋友们已经绝处逢生，解决了危机。"

我说："可我内心很着急，为你担心啊！媒体报道你差一点全军覆灭了。"

索罗斯对我眨眼笑道："我还会有更坏的事情让媒体报道。我决定全部清仓，认赔出场。外界一定会讥笑我是傻瓜，在最低部位贱卖。"

"你为什么要逃跑？真的会有灭顶之灾吗？"

索罗斯耸耸肩，不以为然地说："我刚才正在写投资日记，好像还没有写下什么死到临头之类的心得感受。我现在要做的是保存实力。"

我松了一口气，开玩笑说："这就是，只要不死，还有活法，对吗？"

索罗斯点点头，说："没错。好了，不说这个了，快说说中国的事吧。"

我看他这样临危不惧，心定神安，就不再多问，立刻向他汇报基金会在中国的情况，以及北京办事处的各种具体变化。索罗斯听完后，先问我的意见。我说基金会移交方案很明显是改革人士为自己找政治保险，我们既然支持中国的改革与开放，就要坚定不移地支持他们所做的决定。虽然新的合作伙伴是国家安全部，但这样的安排才可能使我们的朋友们渡过难关。索罗斯点头同意，让我转告中方，他认为这是一个好方案，他可以接受。

说完这件事，索罗斯站起身来，走到书柜取出一本书，对我说：“你在中国时，我的书出版了，送你一本。”这是索罗斯前前后后花了很多年的时间，写成的第一本著作《金融炼金术》。他拿起笔，打开书的首页，写了一段话，签好名，把书送给我。

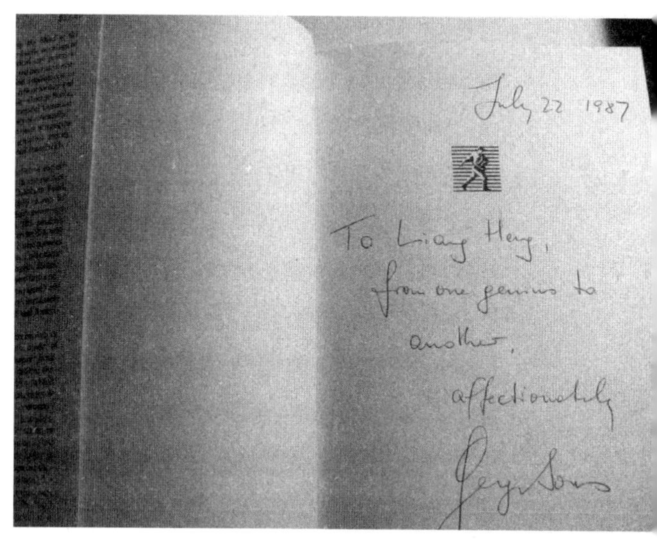

索罗斯把自己的第一本书送给梁恒时为他写上赠言：从一个天才到另一个天才。

“从一个天才到另一个天才”，我读了他写的这句话，脸发烫、心狂跳、周身很不自在，赶紧说：“哲王，太重了，我受之有愧啊！”

索罗斯见我这么不好意思，鼓励我说：“相信自己是天才，就有可能做出天才的事。”

我说：“世人都说你是天才，你当之无愧。我有什么资格？简直想都不该想。”

索罗斯说：“你从一个闯荡街头的小流氓，一步一步走到今天，我认为你就是一个求生存的天才。”

我说：“想活才能不死啊。”

索罗斯说：“想活是本能，能活是本事。”

我说：“哪能跟你比，你的本事太大了。难怪媒体都说你快完蛋了，你却另有存活的办法。”

“经过小时候逃脱纳粹的追捕，在我一生中再没有比死亡更可怕的事了。只要不死，就有活法。”索罗斯笑笑说，然后陪我走出书房，把我送到电梯门口。

不到一个月，媒体报道股市崩盘后，索罗斯没有坐以待毙，而是为了保存实力，以低价卖掉全部的投资组合，认赔出场。然后，他又拿套现的钱重新建立仓位，两个星期后，做空美元，用自己的胆略和智慧，力挽狂澜，化腐朽为神奇，完成了人类金融史上一次举世无双的东山再起。

索罗斯无论是做空或者做多，都是通过融资来操作，而且是依靠最大的融资来追求最大的利润。这种风险几乎是没有人敢于承受的，而索罗斯就是有超常的果敢和勇气来冒险。但真正能够让他在市场崩盘时死里逃生、脱离危险的，是他与生俱来的批判性思维，也就是严厉无情的自我批判和立刻纠正自己错误的能力。在1987年的股市崩盘中，索罗斯几乎全军覆灭。因为他是靠巨大的融资来建立仓位的，当他在美国做多时，股市崩盘对他的直接恶果，就是他面临着灭顶之灾，整个基金公司可能会毁于一旦。索罗斯最让华尔街震惊的是，别人以为他只会坐以待毙，绝无回天之力，而他却相信，所谓的回天之力就是现金。他能够保住多少现金，他就会有多大的回天之力。于是，他自我检讨后，立刻认赔出场，把所剩的投资组合以低价卖掉，并以所剩的资金再加上新的融资重新建立美元仓位，冷静等待时机做空美元。果然如他所料，美元开始下跌，因为他在建立仓位后的两个星期之内已经放空美元，获利进账只是必然的结果，而所有的基金经理都被股市崩盘的打击深陷笼套，不能有任何作为，只能眼睁睁地看着索罗斯大发横财。死里逃生的索罗斯虽然在股市崩盘时受到重创，但绝地反击的成功让他的基金在年底时仍然有15%的增长，这真是一个让人望尘莫及的金融神话。

看准了，杠杆操作，博尽利润；看错了，及时止损，并反向操作。这说起来似乎很简单，但是只有索罗斯才有这样超凡的果敢，也正是这一点成就了金融巨鳄的辉煌。

二十三、既喜又忧

1988年10月，索罗斯第二次访问中国。此行主要目的是拜会中央领导人。

我提前到了北京，先和于部长一起做好准备工作。

索罗斯这几天在苏联访问，了解苏联正在进行的改革，完成访期后直接从莫斯科直接飞来北京，我和于部长到机场接他。索罗斯见了于部长，刚说两句话，就开玩笑说："我们两人的英语都带有伦敦腔。"

于部长说："你说对了，我在伦敦住了好几年。"

从机场到饭店的路上，他俩一直笑着叙旧伦敦，话题都是围绕着雾都的天气、伦敦人的斯文刻板、电视主持人的机智幽默，等等。

索罗斯这次在北京仅待三天。按照行程安排，第二天下午三点，中央领导人在中南海会见索罗斯。

会见那天，秋高气爽、蓝天白云。索罗斯问于部长，他可不可以从饭店散步去中南海。"北京是极具历史文化感的城市，对我来说，在这里，最好的享受就是沿街散步。"他说。

于部长听了这一要求，略微惊讶，他说从来没有中国领导人要会见的外宾，是走路去中南海的。但他不愧是心灵智巧、思想开放的权重人物，立刻做了决定，说："破例一次，有什么问题我来承担。”他把时间计算好，让我带索罗斯，沿着长安街散步去中南海侧门，他先坐车过去，把事情安排好，在侧门等我们。

秋阳下，漫步北京的感觉真美。索罗斯完全沉醉在一路上的红墙散发出的历史文化气息中。他笑眼眯眯地走着，有时候会停下来，抬头凝望着高高的红墙若有所思。我们走走停停，慢慢地散步到了中南海侧门。于部长接了我们后，索罗斯微笑地对他说：“谢谢你为我破例，这将是让我终生难忘的一次散步。”

我们刚进会客厅不久，中央领导人进来了。他刚打完高尔夫球回来，红光满面，精神很好。他笑呵呵地和索罗斯握手，说：“欢迎你这位特殊的客人，走路来中南海，你可是第一人呀。”主客寒暄入座，主人叫秘书拿一瓶青岛啤酒给他。索罗斯笑着说：“我打完网球，洗完澡，第一件事也是喝啤酒。”主人听了哈哈大笑，两人马上轻松地交谈起来。

他们聊起了苏联改革问题。索罗斯坦率地说，苏联的改革是跛脚鸭子，政治改革是以戈尔巴乔夫的新思维为核心，基本思路是中央放权，推行民主，但戈尔巴乔夫根本没有经济的新思维，也没有进行经济改革的具体方案。索罗斯说，中国进行经济改革是完全正确的，因为首先要解决老百姓的衣食住行问题。如果没有稳定的经济发展，政治改革会很脆弱，而且很难成功。

宾主接着讨论市场经济的问题。中央领导人对索罗斯说，这段时间他见了几位美国的经济学家，他们都很推崇市场经济，也建议中国在经济改革中，应该充分发展市场经济，国家最好不要行政干涉，任其自由发展。接着他请索罗斯谈谈自己的意见。

索罗斯很谦虚，也很幽默地说：“很抱歉，我是少数派，我的观点常常备受攻击。因为我认为，根本就没有一只无形的手在左右市场，而是所有参与者的偏见在引导市场的方向。当市场的方向发生重大扭曲时，政府对市场的干涉不仅重要，而且也是必须的。所以，比较好的市场经济，应该是自由市场加上政府调控。”

中央领导人听了索罗斯的不同观点，微笑点头。他说，索罗斯是靠自由市场经济体制成功致富的资本家，能讲出这些话来，很有意思，让他很受启发。

索罗斯和主人相谈甚欢，两人一边喝啤酒，一边继续探讨经济问题。从股份制改革谈到正在酝酿的价格改革。索罗斯对此问题的观点比较谨慎，他认为价格改革相当敏感，他说，东欧社会主义国家的经济改革一遇到这个问题，就会引起社会不满和政治上的不稳定。

也许是谈话很投机，也许是酒逢知己，原来约定的一小时会见，不知不觉进行了两个半小时。最后宾主互赠礼物，合影留念，握手告别。

我们出了会客厅，于部长还在里面汇报工作。索罗斯和我在庭院外面散散步。我们走到前面南海的石雕围栏处站了一会儿，欣赏眼前被晚霞映染的池亭水阁，以及由黄柳、倦鸟、干荷、浮鸭交织成的寒秋美景。

出了中南海，于部长带我们去参加由国际文化交流中心组织的自助晚餐。晚餐是在一家饭店的大宴会厅举行。索罗斯在于部长的陪同下走进大厅，受到了100多人的热情欢迎。于部长首先讲话，他告诉在场的来宾，国家领导人刚刚会见了索罗斯，双方对有关经济问题交换了意见。他另外还说："索罗斯这次是从莫斯科来北京的，他把两国正在进行的改革做了对比，对中国的改革与开放更具信心。"在场的来宾对于部长的讲话报以热烈的掌声。

于部长请索罗斯讲话。索罗斯举起酒杯对大家说："此刻，我只想说，我要向诺贝尔经济学奖委员会提议，应该把诺贝尔经济学奖颁给中国的领导人，因为中国的改革与开放是20世纪末最伟大的历史创举，它对人类社会的贡献，将让未来的人受益。"索罗斯的话令人欢欣鼓舞，赢得了全场喝彩。

宴会厅音乐回荡，来宾们高兴举杯，大家边吃边谈，气氛非常热闹。索罗斯和前来问好的人一一握手，我跟在旁边帮他收发名片。

忙碌一阵后，索罗斯和我坐下来吃东西，他侧身悄悄对我说："我注意到，今晚的来宾大部分都是一些退休的外交官、政府部门的资深官员，文化艺术界的客人年纪也都偏大。来宾中几乎没有年轻人，这点让我有点失望。"

第二天早上，索罗斯要离开北京回纽约。在机场登机前，他对我说，他很高兴基金会度过了危机，他也喜欢于部长，但他有点担忧新的合作伙伴的特殊背景，会让那些具有独立思想的人，特别是富有创造精神的年轻人心存顾虑，不敢或不愿意跟基金会打交道。

“你可以把我既喜又忧的心情如实告诉于先生。”索罗斯说完，对我点点头以示再见。

多年来，索罗斯一直受到华尔街的保守人士的激烈批评，他们认为索罗斯是资本主义市场经济的直接受益者，可他却接二连三地发表专著，强烈地批判让他发财的经济制度。保守人士的批评绝不为过，索罗斯从来就对资本主义自由经济体制下的金融市场持严肃的批判态度。他从不相信有一只看不见的手在左右金融市场，而且更反对所谓让市场本身去调整或修正自己的理论。

索罗斯认为，金融市场是一个变化的过程，参与市场活动的人与市场的关系是相互影响的，而参与者的偏见往往会直接影响市场的变动，甚至会扭曲市场的发展。他的这个观点是基于他的哲学思想。在他看来，任何人都不能控制历史发展的过程，因为人的认知的偏差，使得人不仅不能完全了解历史事件的真实面貌，更不能预测历史事件发生的后果。因此，历史既不由客观决定，也不受主观的左右，而是主观与客观之间互动的过程。索罗斯正是以这个哲学思想来观察金融市场，并以此作为自己投资策略的理论基础。他在中国也非常坦诚地表达了自己对自由主义市场经济的基本看法。

二十四、欲速则不达

一波平息，另一波又起，中国基金会再次遇到麻烦。这次麻烦来自美国，具体地说，是美国政府有关部门给了索罗斯一个警告。

有一天，索罗斯带我一起去华盛顿开会，他说这次会议是在白宫的总统助理办公室举行，主题是亚洲事务，由我相随，如果有问题可以咨询一下我的意见。

我们乘飞机到了华盛顿后立即赶往白宫。进了白宫行政办公楼，他让我在来宾休息室等他，自己进去开会，有问题他会出来找我的。差不多两个小时后，他出来了，眉头紧皱，脸色凝重，也没说话，用手招呼我随他马上离开。

我们出去后，他一直不说话，我跟他走到一个街角花园的喷水池前，找了一个长椅坐好后，他才开口："今天的会议主要是讨论东亚地区的政治、经济形势，我和制定亚洲政策的几位主要官员交换了意见，很有意思。但在会议快结束时，白宫主管亚洲事务的主任给了我一个警告，他说根据他们所掌握的情况，我们在北京的基金会办事处完全被中国情报部门控制了。"

"你是怎么回答的？"我问。因为我知道，索罗斯很清楚我们在中国的新合作伙伴的背景。

索罗斯说："我告诉他，我什么都不知道。我从来不过问细节，这都是手下人的事。既然你警告我，谢谢你的关心，我会去查问的。"

"你说得很好。"

"可是问题并没有解决。"索罗斯对这个警告很在意，正在思考怎么办。接着，他说出自己的担心："白宫亚洲事务主任知道此事，我相信，用不了多久，媒体也会知道的。"

我说："如果媒体知道了，加油添醋，乱说一通，那你就很被动了。"我知道情况的严重性，在美国，这种报道一定会让索罗斯很尴尬，甚至会遭到某些人的非议和嘲笑，很有可能也会影响他的生意。

索罗斯说："此事紧急，我们必须想一个办法怎么回避。"

"不，不能回避，反而要主动出击，"我起心动念，想了一招，"我们可以找全世界最有影响力的《纽约时报》给你做个专访，你自己把此事讲出去，这样，一下子就堵住了所有人的嘴。"

索罗斯听了哈哈大笑，连说："好，好，马上去做这件事。"

从华盛顿飞回纽约后，索罗斯立刻让手下人给《纽约时报》打电话安排专访。对方一听是索罗斯自己要求的专访，雷厉风行，立刻赶来他的办公室把专访做好了，刻不容缓，第二天就见了报。

索罗斯在专访中主要谈了四点：一，他之所以要在中国创立基金会，就是想直接参与和支持中国的改革与开放事业。二，他很遗憾，在中国，基金会的活动受到一些人的怀疑和指控，把他个人抹黑成中央情报局的特务。三，同时，他也很吃惊，在美国，有人说中国的情报部门在幕后操纵基金会。对于此事，他毫无所知，如果属实，也是下面主管人员的事。四，不管怎样，他都不会在乎别人怎么说，他会一如既往地支持中国的改革与开放。

这篇专访见报后，再也没有别的媒体紧追不舍炒作此事。利用媒体为自己说话，索罗斯做得相当成功，而且他尝到了甜头，此事以后，他经常为了自己的目的，主动出击找媒体，很娴熟地让媒体传达他对各种事件的看法。

正如索罗斯所料，中国国际文化交流中心的背景决定了基金会在中国的资助范围和内容。在这一段时间里，基金会资助了十几个外国艺术团体到中国巡回表演，也资助了一个购买美国从40年代到80年代的电影资料的项目，还资助了一个艺术博物馆的修建工程。无可非议，这些项目都很有意义，但没有一个民间项目，也很少有独立创见的个人项目。

索罗斯的初衷是希望中国基金会由当地人管理，为当地人办事，并且独立于政府和政党之外，向全社会开放。事实证明，这个心愿在当时是很难实现的。1988年年初，几位曾经和北京办事处打过交道的知识分子给我写信，都说现在去办公室的人越来越少，愿意提出项目计划的独立个人几乎没有了。与此同时，我也听办事处的工作人员说，保守人士对基金会的攻击并没有停止，于部长正受到很大的压力。我把这些情况打电话告诉索罗斯，他听了非常不安，让我马上去他家商量此事。

索罗斯在书房等我，其实根本就没有什么可以商量的，他已经在我到他家之前就做好了决定。他见了我，第一句话就说："我要关闭基金会。"

"理由何在？"

"我认为自己在中国创立基金会是一个错误。中国现在的条件还没有成熟到能够接受一个独立于官方的基金会。那里没有公民社会存在，也就是说，还没有形成具有独立意识的知识文化阶层和民间团体。"

"我们不就是要通过支持富有创造性的项目，鼓励批判思维，来培育公民社会吗？"

"你太急于成功，你曾经教我一句中国成语，'揠苗助长'，你现在正在犯这个错误。"

"公民社会要靠我们去努力创造，这是一个非常艰难的奋斗过程。"

"错了，没有土壤，怎么能撒种子？中国公民社会的形成不是靠你我个人的奋斗，而是要靠经济的发展、教育的普及、中国与世界的长期交流来往，才能逐步形成。我理解的中国改革与开放，是中国人在政治、经济、文化和心态各方面的改革与开放。'欲速则不达'，这也是你跟我讲的中国智慧名言，不是吗？"

"你认为中国公民社会的形成需要多久？"

"至少十年。"

“中国的改革精英们正在抓住历史的机遇，迎难而上，你却在这个时候关闭基金会，撤离中国，这点我是不可能接受的。”

“认赔退场，错了就改，我不会改变自己的决定。”

“你是在用投资心态从事政治，你没有政治上的忠诚。你要知道，你这一进一出中国，将会有多少中国朋友们为此付出代价或风险。”

“参与此事的人都应该事先知道，自己要付出哪些代价，或将会承担哪些风险。”

“你这会话说得有点自私，这不是做投资生意，大家既然是志同道合，如果有风险，也应该互相信赖，共同去承担风险。”

“那你让我怎么办？”

“你应该给中国领导人邓小平写封信，告诉他，你在中国创立基金会的目的，是帮助和支持中国的改革与开放，然后要严词驳斥别有用心的人对你的污蔑和诽谤，并诚恳地表示，你愿意在任何时候，在任何地方，向中国有关部门明示自己的财务资料，以证明所捐之款从何而来，最关键的是，希望有关部门不要为难所有参与基金会工作，以及接受过资助的机构和个人。”

“我同意，今晚就写好。”

其实，我与索罗斯之间的争执涉及一个很重要的概念，就是公民社会。在此我们可以简单地说明一下。公民社会是指公民在官方政治领域和市场经济领域之外自愿结社、自由讨论共同问题和自主从事社会政治活动而自发形成的民间团体。它的产生取决于市场经济和民主政治的发展。没有市场经济，没有私人产权，一切资源都是国家控制，那么就没有经济独立的主体和可以自由支配的物质和时间资源，不能形成团体实现相应的目标。没有民主政治，公民没有结社的自由或者这样的宪法规定权利未能落实，公民社会也难以产生。

应该说，在中国，公民社会产生和发展赖以依靠的市场经济和民主政治条件自20世纪80年代以来逐渐有所改善。今天，为了公众的利益而行动的组织，诸如慈善团体、非政府组织（NGO）、社区组织、专业协会等正如雨后春笋般崛起于中国大地。

客观地说，今天公益基金的运作条件比20世纪80年代要好很多了。

对我来说，这是一次刻骨铭心的对话，我们不欢而散。第二天，我把索罗斯写好的信寄给了于部长，由他转呈邓小平先生。

时隔不久，于部长来信，主要意思是请索罗斯放心，没有任何人因为基金会的事受到审查。

索罗斯以自己惯有的知错就改、认赔出场的风格来处理金融市场之外的各种问题。他绝不会去考虑自己处理问题的方式是否得体，更不用说会不会伤害其他人。他要的是结果，而且是他愿意看到的结果。事实上，时间已经证明，索罗斯突然关闭中国基金会的决定是正确的。在当时的历史条件下，一个独立于政府，自行运营的基金会是很难顺利发展的。经过多年的改革开放，今天的中国已经有了许许多多非官方的慈善基金会，这些独立运作的民间社团是改革与开放的必然产物，是社会进步的结果。而索罗斯进入中国，在改革人士的帮助下创建基金会，是在改革开放刚刚起步的时候，在这个意义上来说，虽然基金会生存的时间不长，但也算是开先河的勇敢尝试。索罗斯和参与基金会工作的人为中国的改革与开放所做的努力，是不会被历史忘记的。

二十五、巧遇

索罗斯和我不欢而散，一散就散了三年。1989年夏天，索罗斯全家搬去英国伦敦，他以伦敦为桥头堡，经常奔波于苏联和东欧各国之间。

20世纪80年代末，苏联和东欧正处在快速的社会变革中，索罗斯看出历史变化的契机，决定自己完全退出投资事业，把所有的时间和精力都投放进慈善事业，帮助正在实行改革的那些国家完成自己的现代化转型。几年来，他马不停蹄，四处奔走，一方面，慈悲为怀，慷慨相赠，捐献出十几亿美元，给苏联和东欧各国的公民社会团体和组织。另一方面，他积极会晤西方大国的政要，向他们解释自己的援助计划，希望西方大国的政治领袖们抓住历史时刻，和他一起支持苏联和东欧各国的社会变革。

索罗斯的确很忙，但他远住伦敦，全心投入慈善事业，并不是我和他之间三年不来往的主要原因。对我来说，真正的原因是我们那次不欢而散的对话。我很不喜欢，也很难接受他的绝情和变脸快的本性。难怪他除了自己的家人，没有一个亲密的私人朋友。我记得他曾经提醒过我，不要和任何人相处太熟。他是故意不和人亲近，有意控制自己的情感。这样，在处理危机时，他才能随机应变，快刀斩乱麻。但他的这种习惯和风格也会让人觉得，他不高兴某事，或不满意某人时，会突然变得冷酷，甚至不近人情，而且很轻易地抛弃朋友，自己扬长而去。

索罗斯以霹雳的手段关闭中国基金会的行为严重伤害了我。事后，我很痛苦地做了决定，我要跟他保持距离，让自己冷静松弛一段时间。至于我们的关系，无所从来，也无所去，听之任之，随缘而已。

1992年夏天，我和杨青去欧洲度假。我们从纽约飞往巴黎，然后乘火车去日内瓦，从日内瓦到维也纳，再从维也纳去威尼斯。我们做梦也没想到，在威尼斯这个梦幻水城，奇迹发生了。

我们到了威尼斯，立刻堕入云雾，四周都是水和岛，真是找不着北，出了火车站，幸亏搭乘“水上出租船”，用不着当心迷路。船在威尼斯最长的河道里穿梭急行，沿途那些各式风格的宫殿和教堂，鱼贯而行的黑色游艇“贡多拉”，身着五颜六色的观光人流，构成了一幅迷人的画面，让我们看得眼花缭乱。

到了酒店后，已是中午时分，我们马上安排下午的活动。我和杨青到了一个陌生城市，最喜欢做两件事：登高和瞎逛。我们选了先瞎逛。在威尼斯，我们的瞎逛就是乘船从一个岛到另一个岛，哪里引起我们的兴趣，就往哪里去。我们先乘船在大街小巷的运河里游来荡去，然后离开熙攘喧闹的运河城区，朝远方一个没有人烟的小岛驶去。我们离威尼斯城越来越远，最后到了这个长满野草、鸦雀无声的荒岛。

突然，我们惊呆了，眼前有十几只美丽的仙鹤，在沼泽地上昂首阔步，优雅行走。它们并没有因为我们的到来，惊恐跃起，仓皇飞逃，而是恬静安详地打量我们，动动头，眨眨眼，拍拍翅膀，停停走走。此时此刻，我和杨青完全被这些高贵的仙鹤撼动，眼睛都湿了。我们不想打扰美的神圣，随意而来，顺心而归，停留片刻，然后悄然无声地离开了荒岛。

在返回威尼斯城的路上，我站在船头，忍不住心中的喜悦，对杨青说：“小时候，外婆对我说过，看见仙鹤的人，会碰上贵人的。”杨青笑问：“异国他乡，贵人在哪里？”

上岸后，我们去圣马克广场，这是威尼斯城的中心，最热闹繁华的地方。广场里面，飞鸽成群，路边上，好几家露天音乐咖啡店客人满座，四周通道里游人交织。忽然间，我恍惚觉得人海中有一个熟悉的身影晃动了一下，又马上消失了。

梁恒和少年时期的亚历山大。

我赶紧拉着杨青，挤开前面的行人，快步追上去。“是索罗斯。”我突然有这种感觉，马上对杨青说。杨青听了兴奋地喊道：“快追！”我们追了差不多一条街，终于看见索罗斯全家人。更奇怪的是，就在这时候，索罗斯一回头，正好和我的眼睛相对，我俩同时惊呼对方的名字。我们已经三年没见了，岂知造化弄人，竟然在梦幻水城巧遇上了。此刻，我仿佛在梦幻中，面对这突如其来的重逢，还来不及醒悟。

索罗斯夫妇看到我和杨青既惊又喜，一下子说不出话来，我们更是高兴万分，乐得直跳。两个小孩挣脱保姆的手朝我冲过来，一人抱住我的一只脚，张嘴大笑。亚历山大已经7岁了，格瑞格里也已5岁。三年不见，亚历山大还记得和我玩过的游戏，高声吵着马上就要玩。

梁恒和青年时期的亚历山大。

苏珊哄劝孩子们说：“现在别闹，你们回纽约后，梁会天天陪你们玩的。”

索罗斯高兴不已，对我和杨青说：“今晚到我们住的地方一起吃饭。”

梁恒和索罗斯最小的孩子格瑞格里在庄园里学开车。

索罗斯全家住在另一个小岛上的豪华别墅。傍晚时分，我们搭乘“水上出租船”过去。到达时，索罗斯夫妇已经在露天餐厅等候我们。“这里可以看到威尼斯最美的日落。”索罗斯边说边让我们坐下，和他们一起看夕阳沉落。

天色由火红变成金黄，霞光渐渐散尽，云层灰暗了，威尼斯城亮起了灯火。索罗斯遥望着苍茫暮色，若有所思地对我说：“作为资本主义萌芽的威尼斯，曾经有过差不多三百年的辉煌，但最终也逃脱不了消亡的命运。今天，资本主义经历了繁荣期后，危机越来越深，也会不可避免地走向衰退和没落。”

“乔治，请不要谈什么‘主义’、‘兴亡’之类的问题好吗？”苏珊打断索罗斯，招呼大家用餐。

梁恒和青年时期的格瑞格里。

“这几年你在干什么？”索罗斯问我。

“文人、旅行人，”我笑答，“文人，是指我还在办《知识分子》杂志；旅行人，是说在过去的三年里，我游遍了中国的名山大川。你呢？”

索罗斯模仿我说：“行善人、哲人。行善，是指我已经在全世界二十多个国家创立了慈善基金会；哲人，是说自己还在探索历史和生命的意义，努力完善自己的人生使命。”

这是一顿典型的意大利晚餐，橄榄油、色拉、蒜香面包、手擀面条、海鲜、再配上突斯卡尼葡萄酒。我们轻松愉快，边吃边聊，谈家常，说网球，评论最近上演的电影和新出的畅销书。整个晚上，索罗斯和我都没有提三年前的不欢而散，真所谓飞鸿踏雪，痕迹不留。刹那间，我为巧遇重逢感动，忍不住对索罗斯说：“今天我想一醉方休。”

“没有茅台，也能让你醉。”索罗斯开怀大笑，让侍者拿一瓶陈年干邑来。

晚风阵阵，船灯点点，游云拂月，水月相辉，圣马克广场上的欢快音乐在空气中丝丝飘荡，若有若无。苏珊和杨青喝咖啡，吃甜点，索罗斯和我饮着香醇的美酒，大家完全沉浸在幸福之中。到最后，我乐得做了一回醉仙。

对我来说，在威尼斯巧遇索罗斯夫妇简直就是天意的安排。这次重逢，让我和索罗斯的关系比以前更亲密了。很多年来，我一直在寻味这次巧遇的意义。正因为我相信是天意，想得更多的不是天时、地利、人和的优美，而是品味其中的情韵。随着岁月的推移，我强烈地感觉到，索罗斯之所以能够跟我亲密交往这么多年，主要是他让我开心的同时，也很享受与我在一起时，我给他带来的快乐。看透金钱的他，自然深谙我们之间友情的价值。

二十六、我们是同性恋吗

1992年夏天，索罗斯全家从伦敦搬回了纽约，我们又和以前一样，周末去索罗斯在海边的别墅，和他的家人一起度假。

一个星期六的晚上，晚餐吃好后，差不多九点了，苏珊叫杨青一起去孩子们的卧室为他们读故事，哄他们睡觉。索罗斯和我准备去游泳。我们各自回房间换衣服，约好了在别墅花园里的室外游泳池见面。

这些年来，我们每次到海边度假，每天中午，我都会和索罗斯一起去海里游泳，然后再回来吃午饭。但我还从来没有晚上去过花园游泳池游泳。

我穿好泳裤，披上浴袍，沿着幽暗的草径，朝灯光亮处走过去。游泳池被石砖道上的地灯柔和环照，在夜里显得格外好看。椭圆形游泳池内的四周都装有热水喷头，冷热水交汇时，水波粼粼的游泳池散发着腾腾热气，真有点像户外温泉。索罗斯和我同时到达的，他脱下浴袍，在我面前全身赤裸，弯下腰，从水池里拿出温度计看了一下，笑了笑说："80度（华氏），够热了。"说完沿着台阶慢慢走入水池里。

"裸泳？"我问。

"当然，这样更舒服。"索罗斯坐在一个热水喷头前，望着我说。

“我也要脱光吗？”

“你自己决定，要放松解乏，最好是一丝不挂。”

我觉得挺新鲜，也有几分刺激，马上脱掉浴袍和泳裤。赤身裸体步入水中。

“感觉怎么样？”索罗斯笑问。

我感觉到了肌肤和冷热水接触的舒适，心里特别快乐，也没有回答索罗斯，干脆整个人沉坐在水里，浸泡了一下才冒出头来。

索罗斯知道我的感受，也不再问，笑着要我坐在他身旁不远的一个热水喷头前。嘟嘟的热水按摩腰背，真让人舒心松体。我们没有说话，抬头仰望星光闪烁的夜空，闻着空气中潮湿的青草香味，听着花园里虫子鸣叫，此起彼落，别墅外，海水拍岸，涛声不息。面对美妙的夜景，我轻声问道：“哲王，与你的另外几处豪宅和别墅相比，这里是不是你最钟爱的地方？”

索罗斯不加思索地答道：“对，我将来会在这里终老。”

“为什么喜欢这里？”我又问。

“我看着花园里的这些百年古树，常常会产生一些神奇的幻想，那些幻想让我感觉到生命的真实。”索罗斯回答。

“虚假的幻想丰富了真实的生命。”我说。

“正是如此，不过，人生充满幻想是好事，但幻想成真也是很危险的。”索罗斯说完这句话，钻入水中，连续来回游了好几趟，然后走上游泳池的台阶，笑着对我说：“今晚一定会睡得很好。”他披上浴袍回房去了。

我也游了好几个来回，然后回房睡觉，但我没有像索罗斯说的“会睡得很好”，反而是思绪纷飞，睡不安稳。第一次，在这么近的距离，对索罗斯赤身裸体让我感觉困惑。“我们是同性恋吗？”这个问题萦绕脑海，挥之不去。

这些年来，索罗斯在我面前一丝不挂是常有的事。有时候，他吃完早餐，会裸身坐在浴室的台阶上打电话，我进去和他谈事情，他和我都无所谓。很多次，他打完网球回来，躺在浴池里泡热水澡，我就坐在旁边的椅子上和他聊天，我俩也没有丝毫不自在的感觉。还有几次，他睡在床上看书，我也靠在他旁边的枕头上，和他说话，彼此一点都不觉得难为情。

索罗斯与梁恒亲密无间。

另外，在心理上，我不得不承认对他有一种特殊的感情。在我和他分开的三年里，我会常常想念他。我有时也想打电话给他，但不知为什么，一拿电话，又立刻放下，这种情感的纠缠，就好像“心似双丝网，中有千千结”。

第二天上午，我没有心思陪杨青，让她一个人骑自行车去小镇上闲逛。我从客房书架上取了弗洛伊德的名著《性爱三论》，想用心理学大师的智慧来解开我的心结。我第一次没有等索罗斯打网球回来，自己先到海边去，在那里观海、看书。

索罗斯别墅外面的海滩仍然保持几乎原始的自然美。这里没有五彩缤纷的太阳伞，没有成堆的悠闲、懒散、戴着墨镜晒太阳的人，没有欢乐音乐伴奏下的沙滩排球，没有火辣身材的比基尼女郎，除了阳光、沙滩、海浪，就只有几只水鸟在厚软白净的细沙上盘旋飞翔。

碧空下，一片蔚蓝的无垠，海上没有任何船只，海水轰然扑岸，排浪不休。我静坐了一会儿，开始看书，读几页，望望海，想一想心存的问题，不知不觉地过了一上午。

“你在灼热的太阳下看书，我猜这本书一定很有意思。”索罗斯走过来说，他刚打完网球，按时到沙滩上来，准备下海游泳。

“很难懂。”我心里有点紧张，不好意思地说。

索罗斯扫了一眼书的题目，好奇地问：“你对性心理学有兴趣？”

我不想掩饰自己的困惑，直截了当地问他：“哲王，我想问你一个问题，你觉得我们是同性恋吗？”

索罗斯先是一怔，然后马上笑问：“你对我有性欲吗？或者想和我有身体的接触吗？比如，抚摸、亲吻、搂抱？”

“绝对没有。”

“那你就不是同性恋。”

“你呢？你认为自己是同性恋吗？”

“我也不是。”

立刻，我如获重释，并不是因为我们不是同性恋，而是烦恼百转，终于转出了思想的隧道。我松弛后，又再问：“那为什么我对你有一种很特殊的情感呢？”

索罗斯没有回答我的问题，径直走近海水，像往常一样，眼睛盯着翻滚而来的层层浪涛，准备迎接惊险刺激的冲浪瞬间。

“我真的想知道答案。”我追着他说，双脚踏入清凉的海水。

索罗斯望着我，笑答：“你穷尽一生，也许都找不到答案。”

我听了好像明白了什么，凝望着蔚蓝的大海，自言自语：是啊，人世间的事情本来就是思有少答，或思无所答的，何必苦自己。

此刻，一排排海浪越逼越近，很快翻腾卷起升高了。索罗斯和我齐声吆喝着，一起钻入海水里，然后迅速奋力游出水浪，自由自在地飘浮在海面上，享受人生难得的天人合一、万念皆无的那一刻。

不对任何人敞开自己的内心活动，把与他人的情感完全控制在自己觉得舒适的距离之内，这是索罗斯性格的基本特征。索罗斯允许我靠近他，并且能够和我轻松自然地聊一些深刻的问题，并不是我有什么超凡的地方，而是真实的他，是一个不平凡的凡人。在他不平凡的生活中，我的存在弥补了他作为凡人的某种需要，比如说，渴望有真实、单纯的好朋友。至于为什么是我，而且是一个中国人，我想哲学的索罗斯讲得对，有些事，即便穷尽一生，也是无法找到答案的。

二十七、替“英”行道

这些年来，我每次到中国，都会到所在的城市里的儿童玩具商店，采购最新的各种游戏产品，带回来给索罗斯和格瑞格里玩。索罗斯对中国的儿童益智玩具非常喜欢，比如六巧板、两色棋等。有时候，我和格瑞格里对某件玩具实在是解不开奥秘，索罗斯也绞尽脑汁，无可奈何，我便会专门写信给中国的玩具产家，请求他们帮我们揭秘，对方万万不会想到，遥隔天涯海角的金融奇才也会玩他们制造的玩具。索罗斯认为中国人设计的玩具特别有智慧，而且也很有趣味，他最喜欢玩的是两色棋。无论在哪里，只要有空闲，他都会和我玩几局。

梁恒和格瑞格里在玩游戏棋。

1992年9月的一天，我们正在餐厅吃饭，索罗斯从外面旅行回来，他毫无倦意，上楼换了衣服，洗好脸，马上到餐厅来和我们一起吃饭。他看上去特别高兴，笑呵呵地坐下来，叫仆人开一瓶红酒送来。索罗斯平常吃午饭只喝啤酒，今天想喝红酒，他显得有点异样，但很明显，是异常的高兴。我当然知道他为什么这么开心。前几天，他一夜之间赚了10亿美元，成为举世闻名的，打败英格兰银行的胜利者。

入夏以来，英国政府好几次表态，绝不会让英镑贬值，英国首相的讲话更是语气强硬，并且决定花数百亿外汇来购买英镑。英国政府力挺英镑的做法简直就是自讨苦吃，金融市场根本就不信，索罗斯和他的基金经理不仅不信，而且暗地里已经开始行动，准备大量融资做空英镑。

事实上，就在1990年英国决定加入西欧国家创立的新货币体系——欧洲汇率体系时，索罗斯就认识到英国犯了决定性的错误。英国经济相对疲弱，英国需要降低利率刺激经济，但是如果德国等国家不采取相应的行动，只是英国降低利率，英镑就会贬值，这会违反正在走向共同货币制度的这些国家力图稳定汇率的协议。如果英国坚持与欧洲其他国家的货币协议，那就只能选择继续维持高利率和稳定的汇率以及高估的英镑。索罗斯及其他投机者认为英国迟早顶不住国内经济衰退和失业的压力，必然会降息，从而英镑的贬值是必然的事情。当1992年中期，英国政府即将顶不住压力，转折点将来临之际，索罗斯利用此前购入的英镑大幅抛售，英国政府已经无力维持英镑汇率，只好放任其大幅贬值。这样，索罗斯可以在英镑上高抛低吸，赚取差价。同时，由于与之相对应的，在英镑贬值情况下，英国股票会上涨，德国马克会相对升值，索罗斯等人在这两种资产上事先做多买进，因此，在它们头上又可以获得低买高卖的差价。

在这场捍卫英镑的行动中，英国政府动用了价值269亿美元的外汇储备，但最终还是遭受惨败，被迫退出欧洲汇率体系。英国人把1992年9月15日——退出欧洲汇率体系的日子称作黑色星期三。

索罗斯是这场袭击英镑行动中最大的赢家，索罗斯从英镑空头交易中获利接近10亿美元，在英国、法国和德国的利率期货上的多头和意大利里拉上

索罗斯和梁恒在庄园的餐厅里下中国的寓智棋。

的空头交易使他的总利润高达20亿美元，其中索罗斯的个人收入为1/3。在这一年，索罗斯的基金增长了67.5%。

吃完饭，餐厅就剩下我们两个人。索罗斯迫不及待地让我把两色棋拿出来摆好。他一边喝咖啡，一边兴致勃勃地看我摆棋。

“哲王，现在全世界的媒体都在报道你痛击英镑的战役，在美国的华语报刊也把你说得神乎其神，你是不是真的像外界传说的，这次震撼世界的举动，是在柏林墙倒了时就开始计划的？”我把棋摆好，没有马上开棋，先和索罗斯闲聊几句。

“外界是这样说的吗？”索罗斯反问我，他好像对我的问题很有兴趣，也没有动棋子。

“其实原话是你的公关代表在新闻发布会上说的，媒体再把他讲的话大肆渲染，”我说到这，接着又问，“你自己的公关代表说了什么，难道你都不知道？真的是那么回事吗？”

索罗斯耸肩一笑，说：“当然不是那么回事，他说他的，我做我的。”

我对索罗斯的回答一点也不惊讶，他从来都是突发奇想，我行我素，他和手下人预先安排的计划，随时都有可能被他忽略或改变，但这一次听起来他好像是故意让公关代表混淆视听。我不想再问索罗斯为什么要掩饰自己行动的原因，我换个话题说：“你和基金经理说的那句话，现在成了华尔街的至理名言，今早的电视里，财经节目主持人还多次强调，你这次胜利的最终因素就是这句话。”

索罗斯眉毛一挑，瞪大眼睛问：“哪句话？我每天要和我的基金经理说很多话，我真的不知道是哪句话。”

我回答：“你的基金经理预测英镑会大大贬值，他向你汇报，他已经建立了放空英镑的仓位，你问他投下了多少美元，他说投了差不多20亿美元。你问他，如果你相信自己是正确的，为什么只投放这么少。就因为你的这句话，他又增加了5倍。”

索罗斯听了呵呵笑道：“是，我是讲过这句话。其实计划是他做的，我只是坚定了他的信心而已。”索罗斯说到这，用手指着棋盘说：“来吧，你先走。”

自从我和索罗斯玩这个两色棋游戏以来，我只赢过他两次。我长期以来为此事非常苦恼，这是中国的游戏棋，为什么总是索罗斯赢棋呢？我也经常私下找人练习，但就是没有长进。后来我慢慢琢磨出来，原来问题不在于是中国棋还是外国棋，而是在于每一次移动棋子前，我只能想一步，或者最多想两步，索罗斯却可以想好几步，甚至会把全局都想好。“看看今天是不是有运气赢你。”我自言自语，开始走棋。

索罗斯谦虚一句：“很有可能。”

说起来也奇怪，一般下棋都希望棋逢对手，输者常常会很不甘心，就像我自己，输了还想再玩，而索罗斯是长胜者，按道理不会喜欢和我多玩几次，可是他就是愿意玩，全神贯注，而且不准任何人帮我。记得有一次，杨青在旁边刚想说话，索罗斯朝她眼睛一瞪，那是他几十年来唯一对杨青不礼貌的一次。

索罗斯下棋很有风度，我每次有了妙招，他都会很诚恳地表扬我。时间过得很快，我们连续下了三盘。虽然都是我输，但索罗斯还是觉得我有进步，提出再玩一盘。我俩一起慢慢把棋子摆好，可是刚走了几步，电话铃响了，索罗斯站起身来去接电话。没想到这个电话很长，索罗斯用手示意我把咖啡端过去给他，我打哑语问他，是不是把棋收起来不下了，他摆摆手，让我别动棋盘。我走出餐厅去给自己泡了一杯茶。

我在厨房坐着慢慢喝完一杯茶，再加好热水，端着茶回到餐厅，索罗斯还没说完电话。我在靠窗户的椅子上坐下，望着花园的景色，一边喝茶，一边听索罗斯讲话。这个电话好像是和南斯拉夫的战局有关，索罗斯一会儿安静地听对方说话，一会儿情绪激动地大声讲话，每句话似乎都是在和对方讨论，怎样拿出具体的方案来解救被围困的波斯尼亚人。

我从索罗斯的谈话中听得出来，他对英国政府意见很大，他认为英国的冷漠态度，直接影响了其他欧洲国家对波斯尼亚的援助。他在电话里非常生气地说，几个西欧大国的领袖，特别是英国首相，根本不把他的援助呼吁当回事。他很失望，并告诉对方，他想自己出手援助波斯尼亚。接下来，索罗斯和对方在商量如何援助的具体方案。

索罗斯打完电话，面色凝重，看得出来，他心情非常不好。我以为他不想再下棋了，正准备离开，没想到他主动问我还玩不玩，我同意继续下完这盘棋。索罗斯坐下来，一言不发，双眼盯着棋盘，把棋局重新审视一遍。

两色棋的棋盘只有手掌那么大，上面有16根小木柱，不管是竖线、横线、斜线，只要4个棋子颜色一致就得一分，每人各有一色棋子，你来我往，一人一步，看最后是谁得分最多。我喜欢进攻，抢占四色一线的机会，索罗斯偏好阻挡我的机会，步步封杀，最后妙棋一着，定夺全局。

经过刚才这么严肃的长时间电话后，索罗斯把整个玩棋的气氛也搞得极为严肃了。他沉着脸不说话，显然是在思考很重要的问题，但他的棋法一点都不乱，反而让我感觉，他好像是在借助走棋来部署心里的援助计划棋盘。“我赢了。”索罗斯走完最后一步，高声宣布自己的胜利，这一声让我如释重负，他的脸上又有了笑容，我顿时轻松了许多。我忍不住说道：“哲王，你坐在这里下棋，心里想着波斯尼亚的乱局，弄得我特别紧张。”

索罗斯说：“刚才走棋时，我已经为波斯尼亚的危机作出了一个重大的决定。”他站起来伸伸懒腰，眼睛盯着棋局，自己点头笑了笑。他肯定不是满意桌上的这局棋，而是内心谋略的棋局。

几天后，索罗斯对全世界宣布，他要捐出5000万美元给苦难中的波斯尼亚人民。那天下棋时，索罗斯心里的棋局是，既然英国政府迟迟不对波斯尼亚伸出援手，他要替“英”行道。他想到也做到了。

1992年9月16日，索罗斯击败英格兰银行，迫使英国政府把英镑贬值了25%，自己一夜之间净赚10亿美元，成为震撼全球的新闻人物。这场投机英镑的战役，是索罗斯有生以来下注最大的赌局，而最让华尔街的同行们钦佩的就是那句名言：“如果你相信自己是正确的，为什么只投放这么少。”据策划这场战役的基金经理事后回忆，索罗斯在听取了他的汇报后没有骂他，但这句话和骂他一样难受。也正是这句话，让这位基金经理对索罗斯佩服得五体投地。虽然他策划了这次放空英镑的行动计划，但他的眼光没有索罗斯深刻，气度更没有索罗斯那样大。他预计英国政府保证英镑绝不会贬值是嘴硬心虚，但他在做空英镑时，投放的资金只有20亿美元。索罗斯坚信英格兰银行会被迫让英镑贬值，所以用最快的速度扩大融资，敦促他的基金经理在原来做空的资金上追加了5倍。索罗斯的智慧和胆略让自己在千载难逢的机会中，把借钱的可能性提升到最高，因此，赌注下得大，回报也就大。索罗斯被媒体称誉为“击败英格兰银行的人”，华尔街的基金经理们为之惊赞，因为大家知道，预测、分析、估算、下注，很多基金经理都能做到，但下20亿美元赌注和下100亿美元赌注，那就是天壤之别，特别是在关键时刻，最需要的是扣扳机的勇气，而这正是索罗斯胜人一筹的优势。

索罗斯和梁恒在海边别墅的花园里下中国的寓智棋。

二十八、他们喜欢我

纽约早上下了一场大雪，车辆和路人都在街上无声地缓行，在白蒙蒙的寂静中，分不出天地。我站在窗前，盯着外面随风飘舞的雪花出神。这时，电话铃响了，我清醒过来，去接电话。

“泰心脏病突发，住院了，”索罗斯在电话里的声音低沉，“我们下午五点左右去医院看他，你也去吧。”我说：“好的。”

索罗斯的电话让我有点惊讶，他的此举不同寻常。在索罗斯家里，他和仆人的关系非常微妙，也很特别。索罗斯家一共有10个仆人，他对每个人都一样，客气、寡言。他的客气，就是见了仆人，面无表情地点点头。他的寡言，就是有任何事，他只对仆人简单地说几个字而已。也就是说，他从来不会在仆人面前表现出自己高兴还是不高兴，从来也不会和仆人说上两句话。事实上，这是索罗斯刻意营造的主仆关系。仆人们不仅习惯了，而且还觉得挺好。

记得我刚认识索罗斯不久，有一次，我在他家吃午饭。西班牙裔的厨子过来告状，他说带小孩的保姆工作不负责任，小孩哭闹，她不管，只顾自己看电视。苏珊听了厉声对他说：“这不是你应该管的事，做好你自己的事就行了。”

厨子讨好不成，反挨了训，脸气得通红，二话不说，转身就走，当场就炒了主人的鱿鱼，自己走人了。

索罗斯见此情形，马上安慰苏珊，说："我也不喜欢谗言者，但你没有必要亲口对他这样说，太伤他的自尊心了。"

"明明不对，还不能说？"苏珊反问一句，接着又抱怨，"这些仆人互相斗得厉害，今天这个人告状说那个人偷了东西，把啤酒、饮料、食物拿回家；明天那个人又告状说这个人偷懒，在我们出门时，不打扫卫生，弄得家里又脏又乱。我听多了，真烦人。"

索罗斯耐心劝导苏珊说："其实，应该允许他们偷点东西，占点小便宜，谁也不是圣人，也应该允许他们偷懒。这样宽松待人，他们反而会乐意在这里工作，也会安心长期干下去。"

苏珊觉得索罗斯讲得有道理，点点头说："但愿他们会如你所说的那样。我最讨厌一走了之的人，这不，我还得去招聘一个厨子。"她说完，马上去给猎头打电话。

"你怎么看这件事？"索罗斯端起咖啡喝了一口，随便问我一句。

"你的家事，我不好说什么。"

"说来听听。"

我本来觉得这件事比较简单，既然索罗斯问我，说来也无妨。我说："如果苏珊每天都要花时间和精力来处理仆人的事，那就太不划算了。仆人们之间的关系本来就很复杂，中国老话说：'清官难断家务事。'不能没有清官，但不应该是你们。"

索罗斯笑笑说："有意思，接着说，谁应该是清官？"

我又说："你们家的仆人相互嫉妒，求宠争利是很正常的。这个小社会应该由管家来管。管家就是清官，好事、坏事都由清官来判。仆人们会厌恨、也会害怕管家的。苏珊可以做一个好主人，关心仆人，和他们亲近，他们会尊敬她的。你最好做一个好像不存在的主人，对仆人的事不闻不问，他们反而会觉得舒服自在。"

我对自己说的话根本没有当回事，索罗斯听了也只是一笑。可是没想到，从那次午餐后，索罗斯有意无意地成就了主仆关系的和谐。

保姆的女儿结婚，在中国城的中餐馆摆了十几桌酒席庆贺。她请索罗斯全家去喝喜酒。索罗斯对美食很有兴趣，想去中国城吃正宗的广东菜。他问我是否应该去，我高兴地劝他说："当然应该去，那里的菜是由香港师傅做的，很地道，可好吃呢。"

索罗斯犹豫了一下，说："还是叫苏珊代我去吧，你和青都去，带上两个小孩。"他忍住了口馋，避免和仆人亲近。

索罗斯家有一个小电影院。有时候在天气不好的周末晚上，我会出去租几个电影带子拿回来放演。整个晚上，小电影院里坐满了人，大家都很高兴，边吃零食边看电影。如果索罗斯进来看电影，我们会照顾他的口味，放惊悚曲折的警匪片或者类似007那样的冒险片。索罗斯看电影时，精力特别充沛。他可以一晚上连看两部电影，但在好几个小时里，他不会和任何人说话。电影放完后，他只会对在场的人说声晚安就走了。整个晚上，仆人们对这位既在又好像不在的主人，一点都不紧张，反而玩得很快乐。

索罗斯也喜欢看足球比赛。他会是一个坚定忠实的粉丝，对自己喜欢的球队每场必看。当自己欣赏的球员踢进球时，他会从沙发上跳起来，狂喜呼喊；当自己支持的球队被对方踢进球时，他也会抱头惋惜，唉声叹气。最激动的时候，是自己心爱的球队队员带球过人，逼近对方大门，临门一脚踢飞了，索罗斯会跪在地毯上，痛惜地用手猛拍地，仰头大叫。但是，他的真情流露的时候，一定是没有仆人在场。一旦大电视房间有仆人在，他会去自己的书房，在小电视机前，独自欣赏精彩的球赛，一个人为球疯狂。

虽然索罗斯从来没有对仆人们脸色不悦，或发脾气，也没有当面和颜悦色夸奖过谁，更没有和他们中任何一个人说上两句话，但仆人们开心也好，郁闷也好，做得好也罢，做错了也罢，他们和索罗斯相处时，只会觉得自己本来就是这个样子，一切都很正常，也很真实自然。最重要的是，他们心里敬爱他。

1992年的冬天，索罗斯已经63岁了，他还是要去滑雪，而且一定要去无人涉足的雪山。他身上会带着电子跟踪器，乘直升机到达雪山峰顶，然后再从飞机上跳下去，一路风驰电掣，飘飞滑向人间。参加这种滑雪活动的人，事前都必须签好生死契。仆人们听说了此事，都来找我，让我代他们请求索罗斯不要玩这种惊心动魄、生死难测的运动游戏。我把大家的意思说给索罗斯听了，他很欣慰，笑着说："他们喜欢我。"

到了下午四点，雪已经停了。我穿好大衣，系紧雨靴，出了家门。街上扫雪的卡车推雪行驶，车子发出沉闷的嗡嗡声。寒风吹得面颊刺痛，犹如刀割。我拦住一辆的士，按地址直奔医院。

进了泰的病房，索罗斯夫妇已经先到了，他们正在听医生介绍泰的病情。泰躺在病床上，脸色憔悴，说话虚弱。医生走后，苏珊安慰泰，要他好好休息，安心治病。她说话的声音很温和、亲切。

索罗斯走过去，坐在泰的床边，双手握着泰的一只手，缓缓地说："你是一个好人。我要谢谢你对我们多年来的照顾，谢谢你为我们做了那么多好吃的饭菜。我们会记住你的好。"

这是泰来到索罗斯家这么多年后，主人第一次跟他讲了这么多话。泰哭了。

二十多年来，我从来没有看见索罗斯对仆人们脸色不悦过，也从来没有听见仆人们说过索罗斯一句坏话。

二十九、你要学会输

开车出了纽约曼哈顿，朝北走40分钟，就进入了缓缓起伏连绵不断的山区。1994年，索罗斯夫妇在这个山区里一个幽静小镇的附近，买下了60英亩地，在隐蔽浓密的枫叶林中，盖了一座集田园风光之美妙的大庄园。

庄园里除了茂密的树林和绿茵茵的草地，还有马场、小动物园、池塘、菜圃、果林以及六栋风格不同的乡村别墅。在田园气氛中，也有一个精致漂亮的大花园。花园里古朴石雕随处可见。索罗斯一家人都酷爱体育，因此，庄园里也建造了室内和室外游泳池、室内和室外网球场以及室外篮球场。在冰天雪地的冬季，室外网球场就改成为冰球场。

可是，这个理想的归隐家园并没有让索罗斯有丝毫归隐之心。66岁的他，仍然是春风得意马蹄疾，大部分时间都在外面奔波，很少回家。虽然这些年里，他已经把投资基金的大权交给了自己信任的基金经理，但重大的决策，用他自己的话来说，就是“扣扳机”那一下，还是他的事。

除了事关重大的投资决策需要分神之外，索罗斯大部分时间和精力都投入在慈善事业中。他不仅是在慷慨捐助，而且把开放社会基金会作为自己完成人生使命的工具，在慈善事业中的所作所为，都要体现他自己的哲学理念。因此，他总是亲自决定重要的项目，包括在何时、何地花钱，为何人、做何事花多少钱，他都会靠自己的直觉判断行事。

索罗斯除了起而行，还要坐而思。不论是投资或是慈善事业多忙，他都没有停止著书立说。每次出门，他一定要带着手稿，在外面旅行时，都会抽出时间在下榻的饭店房间里写作。

索罗斯经常不在家，陪小孩子玩就成了我的事。我和杨青于1988年搬出曼哈顿，住在清静的郊外。我们住的地方离索罗斯的乡村庄园，开车只需要25分钟。我没事就会去索罗斯庄园，和孩子们一起打篮球、网球、橄榄球、冰球和游泳，还和他们玩其他各种各样的游戏。

有时候，我和他们玩好后，说完再见回家去，可是刚进家门，他们就来电话，又把我叫过去玩。有时候，他们吵着不让我回家，要我陪他们住在庄园。我和杨青都觉得索罗斯经常不在家，孩子们挺可怜的，我们愿意陪他们

索罗斯在家里的晚会上和格瑞格里跳舞。

梁恒和格瑞格里在玩。

玩。后来，我们干脆就在索罗斯庄园和自己的家两边住。就这样，我们和索罗斯家人在一起生活了很多年，直到格瑞格里上高中读寄宿为止。

索罗斯对和前妻安娜丽丝生的三个小孩，在他们小时候就少予关爱，现在对和苏珊生的两个孩子也同样如此，这点造成了孩子们心理上很大的痛苦，特别是格瑞格里。亚历山大天性好热闹，喜欢交朋友，他常常会找别的孩子们玩。格瑞格里性格内向，偏好独处，除了和我玩，他几乎没有什么朋友。

格瑞格里太渴望父爱了，所以，他对索罗斯的意见最大，反叛性也最强。有时候，索罗斯和孩子们一起吃饭，格瑞格里会故意吵闹，不听他说话，或者打断他说话。索罗斯每逢这种情况，或者边吃边看书，或者吃一半，一句话也不说，起身就走，他就是不理睬格瑞格里，丢下他一个人瞎哭。每当我看见索罗斯丢下格瑞格里转身走开时，会觉得索罗斯心肠太冷酷，对小孩太不好了。

索罗斯和孩子们相处的时间，主要是在饭桌上。格瑞格里情绪好的时候，索罗斯还是会和蔼可亲地跟他闲聊，或者和他比赛，看谁说幽默笑话多，一人讲一个，轮流不停，直到对方说不出来或说出来不逗人笑时才分胜负。每次我见了这种热闹场面，都会被他们父子美好相处的这一刻所感动，因为这正是格瑞格里天天盼求的幸福所在。

格瑞格里和索罗斯的感情交流就是在吃过饭后，通过这种具有竞争性的游戏默默进行。格瑞格里时时刻刻都想得到父爱，做梦也想战胜父亲。为了赢得胜利，他让我去书店购买各种幽默笑话的书，他自己也在网上不断搜集搞笑资料。只要索罗斯在家，他都要在饭后提出玩轮流讲笑话的游戏。玩来玩去，结果每次都是索罗斯江郎才尽，没有什么新的幽默笑话可说了，只好认输退场。

索罗斯从来不会过问孩子们的学习情况，但他和孩子们在一起时，不管闲聊什么话题，他总是安不忘危，肯定会抓住机会，教育他们如何学会求生存。记得有一次，我们大家在一起吃饭，他对我说：“梁，你应该经常跟他们讲你小时候的求生经验，让他们了解，人最基本的事，是如何生存，特别是在危险关头怎样找到活路。”

我说：“我听苏珊说过，你刚认识她时，还专门带她去过你在伦敦打工的那些老地方，让她了解你在艰苦时期是怎样生存的。”

格瑞格里问索罗斯：“你只告诉我们，你小时候怎样躲纳粹逃生，没有听说过你打工的事，这是真的？”

索罗斯回答：“一点不假，我和几个人挤住在一个破旧的小房间，每天都要出去打工。我当过洗碗工、搬运工、油漆工、修理工、勤杂工，还在餐厅做过侍者，也在游泳池当过救生员。总之，为了生存，有钱赚的事我都做过。”

“谢谢老天爷，我们不必受这些苦了。”亚历山大惊叹。

索罗斯说：“你们太幸运了，现在就像王子一样生活，但危机来了怎么面对？灾难发生时又能怎样逃生？我真的担心你们！”

杨青坐在旁边说：“学会求生存并不容易，但首先应该去了解穷人是怎样生活的，如果能知道别人求生的艰难，也许会更加珍惜自己所享有的幸福。我刚到纽约不久，梁就带我去他曾经创业的地方，那个印刷厂又脏又臭，条件很差，我看到那种环境，还是感染到了他当年拼搏奋斗的精神。”

索罗斯连声说：“对，对，青讲得好，你们应该让梁带着，去哈林的贫困区走走、看看。”

吃完饭，格瑞格里要索罗斯陪他下国际象棋。索罗斯是下这个棋的高手，他已经教会了格瑞格里，格瑞格里又教会了我。格瑞格里很喜欢和我玩，是因为我输多赢少，但他又想和索罗斯玩，可是，几乎没赢过。索罗斯对分输赢的游戏天生有瘾，只要格瑞格里提出下棋，他不会拒绝，但每次结果一定是格瑞格里气急败坏，推翻棋盘，忍着不哭跑开了。

“Dad，你就让我赢这一次，好吗？”格瑞格里又在央求了。

索罗斯冷冰冰地说：“不行。输就是输。”

格瑞格里赌气说：“再输一盘，我就永远不玩它了。”

索罗斯和他的第四个孩子在下国际象棋。

索罗斯绝不退让，严厉地说：“你要学会认输，更要学会输得起，懂吗？将来你人生中一定会有输的时候，你输了怎么办？”

索罗斯与他人保持距离的性格，使得他和自己小孩的关系也非常紧张，他习惯性的冷漠也会伤孩子们的心。很多时候，他在家里也和在公司一样，对孩子们严肃得令人难受，而且对他们经常是以挑剔为主，表扬为少，虽然他从来不会骂孩子，甚至不对他们高声指责，但正是他的直言和严厉的语气，会比骂人让孩子们更为痛苦。

索罗斯自己从小就生活在逆势困境中，成年后远离家乡，只身去伦敦求学，为了生存吃了不少苦。他知道一个人如果不经过苦心志、劳筋骨、饿体肤、空其身的艰苦磨炼，将来是很难成大事的。他曾对我说过一句话：很多富人的孩子，亏钱不痛苦，赚钱不幸福，难得有出息。他与前妻生的三个小孩都已长大，和苏珊生的小孩亚历山大和格瑞格里还很小，所以他经常提醒我，要多给这两个小孩讲我自己过去的苦难经历和求生之道。

在索罗斯的五个孩子中，他特别喜欢格瑞格里，但他和格瑞格里的关系最不好，直到格瑞格里上高中后，他们父子的关系才有了转变。现在，每当格瑞格里有什么问题时，会主动而且很诚恳地向索罗斯寻求意见，索罗斯回庄园住的时候，格瑞格里也会花时间陪他说话。索罗斯80岁生日的晚会庆祝活动，都是格瑞格里策划的，晚会场地的艺术装饰也是他亲自设计的。

索罗斯在80岁生日晚会上吹蜡烛。

三十、我不是一个好父亲

仲秋的一天，我们去深山老林里打彩弹战。这是在非常逼真的模拟战场打仗。方圆好几里的密林和野地里有沼泽地、烂泥沟、铁丝网架、粗木障碍，长满杂草和苔藓的山丘上修筑了碉堡和哨楼，藤蔓枯枝覆盖着断壁残垣，灌木丛生的山坡上以及旷地里挖了许多堑壕。参战者就是在这种险恶的环境中，通过虚拟的战斗，找刺激、累筋骨、炼心志。

战斗在红、蓝两方队伍之间进行。每次战斗人员没有限定，但人数相等。按参战人员的规模，战场设有几个裁判。凡是被对方打中了的人，无论打在身体何处，都算被打死。“死亡”的人必须主动离开战场。如果有人挨了枪，又不承认，或者用手擦掉身上的弹痕，也就是一块小黄彩，这时，裁判会应开枪者的要求，过去检查此人是否挨了枪子，然后判定他是否应该出局。红、蓝两方无论制定何种作战方案，最终目的是守护好自己的旗子，并以夺得对方的旗子为胜。

秋阳暖融，枫叶灿烂，我们在索罗斯庄园里等候亚历山大邀请的小朋友们到齐后出发。他一共请了18位同学，年龄差不多都在9～10岁。这些小朋友加上亚历山大自己、格瑞格里、我、索罗斯家雇的私人网球教练、私人滑雪教练和一位家庭教师，一共24人。正当我们准备出发时，索罗斯兴致勃勃地走过来，问他是否也能随军征战。小孩子们对他雀跃欢迎，亚历山大和格瑞格里更是高兴不已。我们一共分乘五辆越野车，热热闹闹地离开索罗斯庄园，朝北边山区里的彩弹战场开去。

差不多一个半小时之后，我们到达了目的地。这次活动由滑雪教练负责，他先去战场办公室登记注册、签合同、交押金，然后带我们大家去仓库，排队领取枪支弹药、迷彩军服和帽盔。

“我们一共25人，人数不均，”滑雪教练走过来对我说，“请你去咖啡厅找一个人过来加入我们。”

人数不均在开战前是常有的事。打彩弹战的人，有的像我们是组团来的，还有的是自己来的；不认识的人或不同年龄的人在一起打仗也很正常。反正，当人数不均时，就自己去找人弥补，或者等待机会的人也会主动过来请求加入。

我进了咖啡厅，正好看见了3个彪形大汉坐在那里等候，我一招手，他们立刻起身，随我去加入我们的团队。现在的人数正好，红、蓝双方各有14个人。滑雪教练很快就把战斗人员配置好了，他、网球教练、索罗斯、我，带亚历山大和9个小孩为蓝方，3个新朋友、家庭教师，带格瑞格里和9个小朋友为红方。队伍编好后，战场裁判到场，把双方阵地分好，讲解了地形情况，接着，一声哨响，红、蓝队伍各自快速隐入密林中。

战斗马上就要开始了，我方立刻制定作战方案。索罗斯从来没有打过彩弹战，此时，竟然自称指挥员，让大家服从他的命令，由他来安排这一仗如何打。“你们俩各自带几个小孩去夺旗，怎么夺，你们自己制订计划，”索罗斯对两位教练说，“我和梁负责守旗，行动吧。”他下达命令后，两组人员分头走了。

我和索罗斯沿着草径，拨开树枝，往山林高处走。索罗斯在前面开路，我帮他背枪，扛着两箱子弹，步步紧跟。一会儿，喘着粗气的我们到达了最高点。索罗斯环视了一下周围，指着脚下的小土堆，说：“你把旗子插在这里，我们俩埋伏在上面的那块大岩石后，夺旗的人冲上来时，我们一枪消灭一个。”

我笑着说："好主意，空旗一杆，守旗者离旗，居高临下，尽扫来敌。"

开战的信号枪响了，我插好旗帜，随索罗斯爬到上面的岩石后，卸下枪支弹药。我们躺在腐叶上，伸伸手脚，暂时休息一下。

仰看天际湛蓝，白云相遂，四周枫林似火，秋风吹过，褐红的叶子徐徐飘落。我转过头对索罗斯说："你要是经常和孩子们这样玩该多好，他们真的很快乐。"

索罗斯说："我跟他们在一起的时间是以质量为准，而非数量来定。"

我问："你小时候，你父亲也会这样对待你吗？"

"完全不一样。我知道我不是一个好父亲。我对自己的5个小孩都没有像我父亲对我那样。"索罗斯很快给自己下结论，开始回忆从前，"小时候，我父亲对我很关爱，常常带我去游泳，在游泳池边给我讲故事。他告诉我，他身为战俘，在西伯利亚的监狱里当战俘小队长，只要有一个人越狱，他就会被枪毙。与其看别人逃跑自己被处死，还不如自己跑掉。于是，他结识了20多人集体越狱，其中包括医生、机械师、木工，他们历经苦难，几年后才回到自己的家乡。"

"你从小就是听着父亲的故事长大的。"我说。

"不仅是听故事，我也亲眼看见，他怎样在地下室为几十个犹太人伪造假身份证，让他们能够死里逃生。我父亲是我一生的道德楷模，曾经也是我心目中无所不能的上帝。"

"你小时候很幸福，能够得到这么多父爱。你要是能给自己的孩子们更多一点就好了。他们真的很需要你。"

"世界也需要我。我有太多的事情要去做。生命匆匆，时间总是不够用。"

说到索罗斯的父亲，也值得笔墨几句。他是著名律师、世界语爱好者，著有《现代鲁宾逊》《假面舞会》等书籍。

就在索罗斯出生之前，他父亲有一段非凡的经历。父亲在第一次世界大战被俘，在俄罗斯度过了3年艰难的岁月。

1939年第二次世界大战爆发时，索罗斯只有9岁，当时德国对犹太人展开大屠杀，在1944年的一年内，布达佩斯就有将近40万人遭屠杀，但活下来的人包括索罗斯和他的家人，经历了可怕的白天和黑夜。正因为如此，索罗斯从他的父亲那里学到了求生的技巧，并且对他未来的投资事业有深远的影响。

父亲不仅教会了索罗斯要自尊自重、坚强自信，而且向索罗斯灌输了财富太多对人是一种负担的观点。索罗斯在以后的生活中，不太重视积累财富，而是将亿万家财投入慈善事业，这不能不说是得益于父亲的影响。

山丘下面的树林里枪声大作，人声喧闹，红方的人离我们的制高点越来越近了。索罗斯的神情顿时紧张起来，他翻过身来，抄起枪，提醒我进入战斗准备。很快，对方的人已经出现在我们的视线。有一个人冲了上来，刚刚靠近下面那面旗帜，就被我们击毙了，一个接一个，连续被击毙了5个后，对方的进攻停止了，剩下的是鸦雀无声。

眼下突然的寂静让我焦虑不安，我正东张西望时，身后的树叶索索作响，刹那间，一个彪形大汉跳过来，朝我背后开了一枪，我惊骇一叫，坐了起来，本能地用身体挡住了索罗斯。哪知道，对方又狠狠地朝我开了七八枪，枪枪命中，打得我全身震痛，衣服上溅满了黄色的彩点。索罗斯站起来，对枪手吼道："停止射击，朋友，这不是越南，也不是越战，这是小孩子们玩的游戏！"

正在这时，枪手的伙伴从旁边的树丛里冒了出来，他们跑过来劝他别乱来。枪手冷静片刻，好像从幻觉中苏醒，找回了丢失的灵魂，连忙道歉，走过来把我扶起，格瑞格里和另外几个小孩快步抢到我方插旗处，夺旗欢呼胜利。此战结束，红方暂时领先，双方交换阵地，准备下一场交战。

经过差不多6小时的激战，红方以4：2获胜。战争游戏结束后，做了一天好父亲的索罗斯请客，让所有的小孩子在一家意大利餐厅饱吃了一顿。索罗斯一如既往，说是请客，口袋空空，最后还是让网球教练刷了信用卡，回去找秘书报销。

索罗斯深爱自己的父亲，在他平常的生活中，与人交谈时，只有两件事会让他的情绪特别激动和非常开心，那就是哲学和回忆自己的父亲。索罗斯的父亲在第一次世界大战中的战壕里大难不死，身为战俘，他带着二十几个囚犯，从西伯利亚的集中营逃回家乡的惊险遭遇，在索罗斯幼小的心灵里留下了难以磨灭的记忆，父亲在他心目中是了不起的英雄。特别是后来，他的父亲在黑暗的地下室为自己的同胞做假身份证，以逃避纳粹的追杀，更让索罗斯敬佩自己的父亲，甚至视他为神。父亲对他的影响太大了，不仅是对他的人格和品德的培养，而且在情感方面，父亲给了他很多的爱。

可是，索罗斯到美国后，在华尔街疯狂地拼搏，对父亲关心得太少，甚至连父母从匈牙利移民到美国，在纽约下了飞机，索罗斯为了做交易，忙得都没有去机场接自己的父母。让索罗斯对父亲疏远的真正原因，是父亲的英雄形象在他心中破灭了。据索罗斯自己说，因为他的父亲来美国后，已经胸无斗志，开始每天抱怨新移民的日子，失去了对生活的激情。父亲的消沉让索罗斯感到痛苦和尴尬，当父亲因病去世时，他在内心拒绝去接受英雄已死的事实。很多年后，他深深地懊悔自己在父亲去世前，没有去医院陪守父亲走完生命的最后一程。后来，母亲去世的时候，索罗斯一直陪守着她，还为双目失明的母亲读故事。母亲离世的那一刻，索罗斯紧握着她的手，直到老人家说，不想让他跟着去天堂，索罗斯才松手。每次索罗斯和我讲他父母的事，我可以感觉到他内心对父亲的崇敬和对母亲的深爱，而每次他都会责怪自己身为人父，对孩子们实在爱得太少，亏欠太多。

索罗斯夫妇在参加孩子的生日派对。

三十一、魔咒

《知识分子》杂志从1984年在美国纽约创刊，至1994年停刊，整整经历了十年风雨。作为中国文化长城的一块小砖，因天时、地利、人和三者齐备，这份杂志办得非常成功。可是，我身为创刊人和总编辑，为什么要停刊呢?原因有两个：其一，中国越来越开放，各种各样的刊物如雨后春笋，层出不穷；其二，我想改变一下自己的人生，尝试一种新的事业。

从小至今，我当过街头混混、红卫兵、农民、运动员、工人、大学生、研究生、自由撰稿人、杂志总编辑、慈善基金会主管、旅行者、索罗斯在中国的私人代表。这些不同的社会角色和各种复杂经验，让我的人生充满了忧喜苦乐。我生性喜欢冒险，乐于创新，有理想、敢行动，而且随心所欲，不计得失。如今，到了不惑之年的我，心血来潮，想玩股票了，因为这是我从来没有过的人生经验。

其实，我想玩股票的冲动也不是空穴来风，多年来，与索罗斯为友，对他的金融活动平常听得多，看得多了，不知不觉动了念。我当然知道，索罗斯的精、气、神是不可能耳濡目染的，那是一种不可名状的神秘，但我自己小打小闹也并非不可，反正没做过，做了才知道结果如何。

1995年春的一天，索罗斯单独和我吃午饭。我告诉他《知识分子》停刊的事，他听了后一点也不吃惊，只是笑着问我，以后准备干什么。我把我自己想做股票的决定说给他听，没想到他听了为之一怔，脸色马上冷峻起来，一句话都不说，直到把饭吃完，才严肃地对我说："此念不妥，但我不想制止你，你愿意做，你就去做。我只想对你说三点：第一，我不会借钱给你做股票；第二，我不会告诉你如何做股票；第三，我相信你做股票一定会失败。"

我问："我完全可以接受前面两点，但为什么你这么肯定我做股票就一定会失败？"

"你不是做股票的人。"他回答我。

这简直是一道魔咒，我听了当然不舒服。"我们等着看吧。"我生气地说道，并主动结束了这次谈话。

从那天开始，我花了两个月的时间自学如何做股票。我去买书看、听讲座、找资料，每天从早到晚都会注意听电视里的财经分析和股市报道，并且紧追自己喜欢的股票，很认真地作信息记录。经过这段时间的努力学习，我感觉不错，于是加入了美国社会正在兴起的"当日交易员"新族群，每天都在股市里打滚，开始过着"赚钱狂喜，亏钱心痛"的新生活。

自从做股票以来，我真是赚得多、亏得少。这也不是因为自己手气好，而是时运佳。那是科技股灿烂辉煌的年月，迅速腾飞的新经济使保守缓慢的旧经济黯然失色。任何人，只要买了几只科技股，闭着眼睛都能发财。我每天都在兴奋着，因为几乎每天都有钱进账。我的兴奋也感染了格瑞格里，他有时候下了课回家，见到我的第一句话就是："今天又赚了多少？"

在我当股票玩家的整整6年里，索罗斯每次外出回家，和我们一起吃饭时，都很少在我面前谈股市，更不会问我做得怎么样。有时候，格瑞格里很开心地告诉他，我又赚钱时，他总是冷冰冰地说一句："小心。"

直到1999年的一个冬日，索罗斯在午餐时第一次问我，"当日交易员"是怎么工作的？我告诉他，任何人都可以当"当日交易员"，一天之内可以无限制地买或卖。每做一笔买卖交易，证券公司都会收一定的手续费。据我了解，大部分"当日交易员"原来都有自己的专业和工作，只是因为做股票赚钱的机会大而且快，所以，很多人都辞掉工作，专门从事这个新行业。

所谓“当日交易员”，指在同一交易日内进行同一投资品种买进和卖出的短线交易，在收市前总是平仓的人。他们希望能不必再为他们的投资彻夜不眠、焦虑万分，他们追求的是在最短的时间里获得最大的利润。

“当日交易员”总是试图在每天的交易结束之前退出市场，这样做有什么好处？以商品期货为例，铜、黄金等大品种都受国际价格影响，国际市场夜间爆发的新闻，往往会引发国内市场开盘之后的价格剧烈变化，手上没有头寸，资金账户也不会受到影响。当日交易者也使用趋势跟踪或反趋势交易这样的策略，但操作要短得多，一笔交易可能只会持续几小时。

精明的“当日交易员”一般会：一，耐心等待好的入场点；二，及时和按计划止损；三，跟从趋势；四，别做太多次，适可而止，知足常乐，看不清就观望。

用时下中国市场最接近的话来说，“当日交易员”就是一些超短线的投资者。

索罗斯听了我的话，感慨一声：“难怪股市剧烈震荡，看来主要还是巨量的电子交易造成的，而且多数交易者都是你们这些不懂市场的人。这已经不是我所熟悉的市场了。”

我说：“有钱大家赚，有什么不好？”

索罗斯摇头否认，说：“股市泡沫破灭时，吃亏的一定是你们这些人。”

2000年春，久盛不衰的股市终于走到了尽头，以科技股为主力的纳斯达克市场泡沫已破，开始一路狂跌。4月15日，我和杨青随索罗斯一家人去佛罗里达海边度假，同时庆祝苏珊45岁的生日。那天股市又在大跌，索罗斯因为要在公司处理危机，没有和我们同机到达。傍晚，我们去机场接他。专机降落后，他走出舱门，一脸倦意，亚历山大迎过去问他：“Dad，股市快完蛋了，我们还有钱吗？”

索罗斯苦笑一下，不失幽默地说：“还剩了一点。”说完，转过身来问我：“梁，你还在里面吗？”“还在。”我回答。索罗斯挖苦我说：“晚会结束，音乐已停，你还在跳舞。”

可是，我偏偏不听他的警告，就是不退出，还在等待股市触底反弹。事实上，股市也迎合了我这种人的侥幸心理，几天后，连续猛烈反弹，我暗喜自己没有听索罗斯的话，以为躲过了股灾。

股市仍然在巨幅震荡，道琼斯今天涨几百，明天又跌几百，纳斯达克更加古怪，一天之内可以开盘涨100多，收盘再跌100多，市场真是让人云里雾里，看不明白。

一个星期天的晚上，索罗斯突然给我打来电话，只问我一句话：“梁，你还在里面吗？”我回答：“还在。”他说：“快出。”

六年前，索罗斯听了我要做股票的决定时，曾经跟我约法三章，说他不会告诉我如何做股票。这次，他破天荒地主动来电话，劝我认赔出场，真是想救我一把。可是我仍然不把他的警告和好心当回事，就是不肯认赔出场，死撑到底。索罗斯在国际金融市场是一言九鼎的股神，他说的话，世人都会洗耳恭听，为什么我就如此不在意呢？也许是我固执己见，也许是我鬼迷心窍，也许是我与索罗斯太亲密，他对我来说没有一点神性，再进一步说，也许这就是命里注定。

索罗斯在股灾中损失惨重，曾经拥有240亿美元的基金帝国开始摇摇欲坠，危情迫使他不得不改组他的基金公司，重新制定趋于保守的运营模式，但他谋全局，从长计，再一次认赔出场，夺门而逃，又有了生路。虽然他的客户纷纷撤资，公司最后仅剩下他自己的70多亿美元，但他没有血本无归，并趁人不备，悄悄买进了大量的能源股，为以后的翻身做好了准备，而我呢？全军覆灭，仅剩下六年前入市的一点小本金而已。事实证明，索罗斯对我的魔咒灵验了。

我决定重新做人的那一天，终于明白了魔咒的含义。索罗斯说“你不是做股票的人”，其实，这也就是中国智慧所讲的“众神归位”的道理。

科技股的狂飙和电子交易的出现，催生了“当日交易员”这类新族群。那真是一个疯狂赚钱的年代。没有什么投资经验的“当日交易员”每天的进进出出，把整个金融市场搅得天翻地覆，让像索罗斯这样的金融奇才对市场都看不明白了。索罗斯虽然在这段时间对资讯的把握不是得心应手，但对市场倾势的判断还是独具慧眼。他坚信自己的直觉：眼下的泡沫迟早会破灭的。不幸的是，正是那位帮他策划过痛击英镑的基金经理，被看不明白的市场动摇了自己的定力，在科技股猛涨猛跌的古怪漩涡中失去了冷静的分析和判断，即使价格高得惊人，他也买进了大量的科技股。索罗斯认为科技股一定会以惨跌告终，但因为他把操盘的大权早已交给了这位基金经理，因此只是不断地警告他，而没有把权力从对方手上夺回来，直到这位基金经理花了3亿美元，以每股240美元的价格买了一只网络股时，索罗斯按捺不住了，他对这位基金经理说，这个网络股会害死我们的。结果对方还是迟迟不肯出手，最后这个网络股跌得只剩下96美元一股了。没办法，索罗斯为了存活下去，不得不接受这位爱将的自动辞职，亲自掌舵，把伤痕累累的基金公司驶往风险较小的港岸。

三十二、行善难

1996年的深夏的一个晚上，索罗斯海边别墅的花园被布置成追悼会场。被追悼者名叫康尼，是索罗斯开放社会基金会派往战乱的车臣，去进行人道救援时牺牲的英雄。整个晚上，花园里弥漫着悲哀气氛，别墅里外的路边上，摆着一盏盏随风摇曳的烛灯，每盏烛灯下都放着康尼的小肖像，花园里的树枝上系着许多的黑色绸带，草地上散满了白色的纸花。

暮色下，参加追悼会的人陆续到齐。追悼会规模不大，差不多50多个人，他们包括索罗斯开放社会基金会的高层主管、其他国际人道救援组织机构的负责人、颇具影响力的知识精英和一些有心行善的著名演艺人士。与会者对这位殉难者的事迹都很熟悉，在他们心目中，康尼是拯救苦难的奇才。

事情发生在1992年，索罗斯痛击英镑、一夜赚了10亿美元后不久，他召开了新闻发布会，宣称要捐出5000万美元，帮助深陷战火的波斯尼亚人民减轻痛苦。因为他对英国政府早已憋了一肚子气，认为英国政府根本无视在萨拉热窝发生的悲剧，迟迟不采取任何行动，制止塞尔维亚军队对波斯尼亚平民老百姓施暴。面对英国政府的冷漠，他决定替“英”行道，充当独行侠，以自己个人的力量来救助萨拉热窝人民。

索罗斯将救援行动交给康尼负责。康尼是美国德州人，他的人生志向就是从事国际人道救援行动，只要有天灾人祸的地方，他都力争前往，排除万难，争取胜利。索罗斯以前只听说过康尼的名字，但和他见面，听了康尼的一句话“我要让萨拉热窝所有的人都参与救援计划”，马上认可了这位救难专家。

被塞尔维亚军队围困多年的萨拉热窝鲜活起来。在索罗斯的资助下，康尼组织当地居民办报纸、出杂志、建立广播电台、播放电影、举办画展、给学校提供教学设备和教科书。他还推广分发种子活动，让居民们免费获得菜籽，在自己院子的前后种菜吃。他领导一万多居民挖沟壕、铺管道、接通了天然气。他还负责在城郊建立了一个发电站。在解决了电和瓦斯问题后，他又组织人盖了一座净水厂，提供干净的自来水给全城的居民饮用。这一切都是在围城军队的炮击和狙击手的冷枪下进行的。独行侠索罗斯和救难天才康尼战胜了连西方大国都望而却步的挑战，创造了简直不可思议的奇迹。

奇迹完成后，1995年初，康尼又被索罗斯派往车臣，去救援那些处在临死边缘的无辜难民。车臣宣布主权独立后，俄罗斯向其宣战。车臣首都已被炮火轰平，没逃走的难民只能躺在地洞里藏身。康尼要去救助车臣首都的难民，必须通过两军交战的地带，这显然是冒死的救援行动，索罗斯还是同意康尼去了，但结果是英雄遇难。1995年4月，康尼和两位医生、一位翻译在战火纷飞的野地里被车臣士兵杀害，尸体被毁。一年后，有人在一个小村庄的废墟角落里，找到了用一件血衣包着的被害者的护照和一封短信。

在追悼会上，每一位发言人都对康尼表示出崇高的敬意和深切的怀念。索罗斯的悼词非常平实动人，他称康尼是难得的人才，他认为康尼的牺牲一方面说明行善有多难，但另一方面也教育了我们，因战争而展开的人道救援代表了人类的失败，因为这些灾难都是人为造成的。他检讨此事说，任何时候，人们努力阻止冲突恶化、避免悲剧发生才是唯一的上策。

追悼会结束后，来宾们先后离开，但花园里的布置还没有撤掉。仆人们都很迷信，没有一个人敢在夜晚碰会场的东西，只好由我一个人慢慢收拾。我把花园里的摆设清理好后，在院子外面的椅子上坐下来休息。这时，索罗斯走了出来，他问我是不是想喝点酒，我高兴答应，请他先坐，自己去酒吧倒了两杯酒，端出来和他一起饮酒闲聊。

我说：“今天让我再次感受到，你常常说的‘捐钱比赚钱难’。”

索罗斯说“赚钱成功与否，唯一的标准是盈亏，但是，行善必须有自己的价值观，才有可能评估慈善活动的社会效果。”

我说：“具有价值标准的行善，往往会和不同的观念发生冲突，有时候，行善也会遭人误解、反对、责骂，特别是在动乱发生时，甚至会被野蛮势力毁灭。”

索罗斯感叹道：“所以说，行善不容易呀！”

我知道索罗斯已经先后在全世界30多个国家建立了开放社会基金会，几千名不同国籍、不同种族、不同语言的员工有什么危险，他们的最高领导人心里非常清楚。在那些不开放的国家里，基金会的工作人员和接受捐助的人经常会面临被当局调查、失业，甚至被驱逐出境的危险。有时候，为了解决当地基金会遇到的麻烦，索罗斯派去处理危机的人，也有可能陷入被抓、被打的险境。但是，明知不可为而去为之，这也正是索罗斯常跟我说的，“他要去完成的人生使命”。

我接着说：“在我看来，你的行善在全世界是独一无二的，不仅捐款金额最大，而且是活着的捐款人自己拍板定夺，更特别的是，身为舵主的你，有知难而进的勇气。”

索罗斯说：“其实，我常常是被那些敢于行动的勇敢者打动，他们为了追求造福于人的理想，不惜付出代价，甚至牺牲自己的生命，我应该责无旁贷地支持他们。”

我说：“康尼就是这样的人。”

“是啊，我完全是被他的救援事业和奉献精神所感动，”索罗斯追思康尼，充满敬意地说，“我记得，三年前，是他一再坚持让我去萨拉热窝看看。我身临危境，对康尼所做的每一件事都非常钦佩。”索罗斯说完这句话，停顿一下，接着又说：“我相信，就是他的勇气和才能救了这座围城。”

我说："你胆子也够大的了，我看了照片，你穿着防弹衣，去看那些藏在隧道里的净水设备。"

索罗斯说："实话告诉你，当运输机载着我们一行人、几台净水机组和成吨的水管飞往萨拉热窝时，我坐在机舱板凳上，并不担心塞尔维亚的军队用高炮打下飞机，而是在想，身后这些高高堆起的水管会不会因为飞机的颠簸，垮了下来，压死我们。"

我问："你当时害怕吗？"

索罗斯回答："当然害怕。"

索罗斯经常对我说，他是有历史使命的人。最开始，我以为他热心地从事慈善事业，可能是小时候受到父亲的影响所至，因为他目睹了父亲在危险情境中是怎样主动帮助别人的。当然，他父亲的这种冒险助人的行为，不仅只是让幼小的索罗斯感动，而且可能也使他暗自立志，将来出人头地时，一定要像父亲那样尽力去帮助别人。后来我发现，索罗斯慷慨解囊、助人为乐的精神，一方面是源于父亲的影响，但另一方面是基于他的哲学思想，反映了他对世界的认知和希望。正是因为他相信人类社会不完美，而人又具有使之完美的能力，因此，一旦他有了充足和强大的能力后，他就要按照自己的理想来改变社会现状。

索罗斯每年捐出的金钱远远领先于世界上其他的慈善机构，但他的慈善事业不是以慷慨出名，而是他的慈善机构是建立在由他自己创立的一套价值体系上。这个价值体系的基本精神就是开放社会的原则。他希望通过各种各样的项目资助，鼓励批判性思维和自由创新精神，促进社会的开放和世界的和平。索罗斯为了看到从自己口袋里拿出去的钱，确实会产生社会效益，他做慈善事业时和做金融投资一样，一定要自己最后扣扳机。他会很耐心地听取各个委员会的报告和顾问们的建议，但最后他还是依靠自己的直觉做出判断。简单地说，你们是我信任的士兵，朝哪个方向开枪和把枪架好是你们的事，至于什么时候开枪，打多少发子弹，那就是我的事了。

三十三、金融大鳄被克隆了吗

1997年初，泰国的金融危机像瘟疫一样，蔓延到马来西亚、菲律宾、印度尼西亚、新加坡、韩国和其他国家。造成危机的直接原因，是东南亚国家的货币政策失调。这些国家将其货币非正式的和美元挂钩，一旦与美元挂钩的联系汇率制遭遇压力，货币投机客就会抛售这些国家的货币，从中获利。其结果是造成这些地区的货币贬值，银行体系危机，最后拖垮这些国家的经济。

由泰国引发的亚洲金融危机，让索罗斯成为众矢之的，并被扣上“金融大鳄”的帽子。某些亚洲国家的政治领袖对索罗斯咬牙切齿、恨之入骨、愤怒声讨，鞭打“金融大鳄”最厉害的人，当属马来西亚总理马哈蒂尔。

金融危机发生时，马元兑美元两月之内重贬20%，股市崩盘，银行瘫痪，几十亿美元顷刻化为乌有。用马哈蒂尔的话来说，该国40年的经济发展毁于旦夕了。所以，他指控索罗斯为亚洲金融危机始作俑者，因为就是这个“金融大鳄”打压汇价，带头放空，导致资金纷纷外逃。

索罗斯对马哈蒂尔的攻击一直保持沉默，但他私下表示，这些指控都是极为荒谬的。他说，从他开始进入金融投资事业起，身为基金经理，他在为投资人追求最大利润时，是没有道德标准的，他完全是遵守金融市场的法规条例进行各项投资活动。他认为，是东南亚各国货币政策的弊端，给他和其他投机客提供了获利的机会。但是马哈蒂尔不这样想，他还在继续炮轰索罗斯，把整个亚洲金融危机的责任让索罗斯一个人承担。

一个周末的下午，索罗斯和我在海边别墅的书房里商量如何回复两封邀请信的事。索罗斯先让我看邀请信，一封是一家世界金融机构8月在泰国举办的研讨会，主题是有关亚洲金融危机，组织者请索罗斯作专题讲演；另一封是世界银行和国际货币基金9月在香港举行联合会议，索罗斯被大会邀请发表演说，主题也是与亚洲金融危机有关。

“你怎么看这两封邀请信？”索罗斯问我。

“亚洲金融危机的影响非常严重，你的名字已经在亚洲各国家喻户晓，你知道人们怎么称呼你吗？你被称之为‘金融大鳄’。”我说到这，学鳄鱼，动作了一下，又说：“就是纹丝不动，等待，看准机会，突然袭击，一击绝杀的鳄鱼。”

索罗斯哈哈大笑，说：“好，好，我喜欢这个绰号。”

我说：“不过，为了你的人身安全，这些日子，你最好少在公共场合露面，不要接受任何采访，一定要非常低调。我相信，恨你的人多得很，想要杀你的人也不会没有。”

索罗斯问：“这两次会议能参加吗？马哈蒂尔还在不停地骂我，也许通过公开演讲，我可以让全世界听听我的看法。”

我很坚定地说：“绝对不能去泰国，但可以考虑去香港。去香港的原因是：第一，亚洲国家的政治、经济领导人和财经领袖都会参加这个会议，包括马哈蒂尔本人，这是你驳斥他的指控的最好时机；第二，香港回归中国，在中国的管辖下，你的人身安全应该不会有什么问题。而且几天前，《人民日报》发表了一篇特约评论员文章，文中强调，不应该简单地怪罪你是亚洲金融风暴的祸首，东南亚各国的金融体制本身就有严重的问题，你和其他金融投机客只是乘虚而入，钻了这些体制弊病的空子。”

索罗斯笑着问：“这应该算是北京认肯我的官方声音吗？”

我回答：“当然，”接着我又说，“你上次打压港元撤退很快，北京的朋友们认为，你不跟香港政府硬碰硬是对的。”

索罗斯说：“那次是战略转移，因为香港的情况和东南亚各国不一样，它属于中国，朱镕基总理绝不会让港币像泰铢那样狂贬。我当时预感到中国的央行最后一定会力挺港元，坚守汇价，所以认赔出场了，早认赔少损失，只有傻瓜才会去硬碰硬。”

我开玩笑说：“你给朱镕基总理和自己都留足了面子。所以说，《人民日报》的评论员文章等于是在为你说话。你去香港肯定没有问题，就像你刚才说的，香港属于中国，你是中国的朋友，安全不会有问题。”

索罗斯听了表示同意，我们就把此事定下来了。

可是，就在准备去香港参加会议的前几天，我从一个渠道得到不好的消息：有杀手会去香港狙击索罗斯。索罗斯听我报告了这个消息，还是坚持要去。怎么办？我左思右想，终于想好一招，并且向他强调：安全在于保密。这次去香港的行程必须保密，也就只有他知、我知、没有第三者知道。他点头认可。

其实，我想的一招，就是把这个消息公开出去，让媒体去炒作。这样做，必定会达到三个效果：第一，杀手会紧张，甚至担心行动已经泄密；第二，香港当局会更加小心防范，大会的安全措施也会因此升级；第三，老百姓会急切关注此事，民心不会倒向想谋害索罗斯的那些人一边。当然，索罗斯的安全不仅在于行程保密，也取决于他自己的一件护身符。

我在会议召开的前三天，给香港新闻界的一位朋友打电话，此人神通广大，重友情、讲义气，有他，此事肯定搞定。我就跟他讲了一句话：可能有杀手，目标索罗斯。结果，正如我所料，就在会议召开之前，香港有报纸刊登出惊人消息：不明国籍的狙击手已经到港，其任务是干掉索罗斯。还有报纸说，制造金融危机的索罗斯此次性命难保等等。

就在风声鹤唳的舆论声中，索罗斯和马哈蒂尔终于在国际会议上公开摊牌，面对面地干了起来。9月20日，马哈蒂尔上台说：“有些人必须靠剥夺他人、使别人贫穷，来积攒财富。”他指的是谁，在场的每一位嘉宾都很明白。他还呼吁，货币交易毫无道德可言，应该视为非法行为，要坚决取消掉。

9月21日，索罗斯上台发言，他指出，马哈蒂尔希望消除资本自由流动行为，但君不知，凡是抑制资本自由流动的行为，其后果将会使投资窒息，严重地伤害经济的发展。他说："干预资本的可兑换性将招致灾难。马哈蒂尔博士才是马来西亚金融危机的祸源，"索罗斯进一步把话挑明，"他拿我当替罪羊，好掩饰他自己的失败。他只有嫁祸于我，才能对马来西亚国民有所交代，其实，他本人和他的观念都已经受到了马来西亚独立媒体的批判。"

作为对东南亚国家谴责的回应，索罗斯进一步回击说："如果不是我们，别人也会这样做，苍蝇不叮无缝的蛋，市场留有投机空间，那是政府的过错。"

听者无言以对。

世人通过卫星转播的现场表演，看到了索罗斯和马哈蒂尔争锋相对、唇枪舌剑的场面。但会场外面苦苦等候的记者们，更盼望有机会采访索罗斯，哪怕是照一张相，问一两句话。狙击手就更不用说了，分分秒秒都在寻找目标射杀。因为让媒体大肆渲染"狙击阴谋"的成功，会场警力防范严密，根本不会有任何机会让镜头或枪口对准索罗斯。

我在香港新闻界的朋友急了，打电话问我："索罗斯住哪家饭店呀？记者们都盼望能采访他一下。"

我说："你叫他们自己去查呀。"

过了几个小时，朋友又来电话说："我这帮同行们都快急死了，怎么也找不到索罗斯的踪影。我告诉你，这事还真奇了怪了，他们查了香港所有饭店的入住记录，根本就没有索罗斯这个人，更邪门的是，他们通过关系，也去查了海关出入境登记的资料，也没有索罗斯这个人，你说，这又是怎么回事？"

我笑着回答："无可奉告。"

对方又说："一家电视台老总问我，金融大鳄是不是被克隆了？明明在会场看见了他，但讲完话，人一走，好像此人就没来过香港。"

我忍着笑，说："无稽之谈，以后再说吧。"

朋友明白我的意思，不再多问了。

就这样，索罗斯犹如捕捉不住的清风，自由自在地进出了香港。他小时候，在纳粹恐怖下，父亲躲在地下室偷偷伪造身份证，帮助几十个人逃离死亡，而今，他用美国政府专门发给他的化名护照，躲闪出名后的麻烦和危险。他有了这件附身符，周游世界，神行仙止，无人知晓。

索罗斯打压港元失败，认赔出场，实际上是一种战略转移，这一举动可以被解释为，他认定中央政府会力挺香港政府，央行到关键时刻一定会出手稳定港元汇价。其实，这只是索罗斯的所言所行，而真正导致他会做出这个决定的内在原因，是他对亚洲各国金融体制的异同有深刻的认识。他始终认为在整个亚洲金融危机中，中国之所以可以避免巨大的损失，就是因为中国的金融体制是封闭的。当其他和美元汇价直接或间接挂钩的国家受到金融危机的冲击时，中国不仅可以置身于危机之外，而且还可以受益不少。对中国来说，外部的震荡会影响自己的出口，但它的政治制度和经济制度都不会受到影响，更不用说它的金融体系会严重受创。因此，当金融危机使得亚洲各国的货币逃不过崩跌之灾时，投机客想要冲击港元简直就是鸡蛋碰石头，一定会头破血流，惨败而归。索罗斯对中国国情的清醒认识，让自己作出了明智的决定，毫不犹豫地撤出香港。虽然媒体把索罗斯的撤退说成是他败给了朱镕基，但实际上朱镕基对索罗斯相当敬重，这一点在朱镕基的近著中可见一斑。

三十四、一着不慎，满盘皆输

亚洲金融危机很快殃及到世界其他地区，恶化为全球金融危机。拉丁美洲、俄罗斯、东欧等国都深受其害，其中以俄罗斯受灾最为惨重。从1998年夏季开始，俄罗斯金融市场危机加剧，已经到了即将崩溃的边缘。

8月12日，是索罗斯68岁的生日，我们都在海边别墅，准备和他一起吃生日饭。但这一天，索罗斯没有生日快乐的心绪，而是在紧张焦虑中度过的。

清早起床后，我看见他在花园里的僻静角落来回踱步，这是他思考重大问题时的习惯。吃早饭时，他神情严肃，不吭一声，边吃边想事，我们生怕打扰他的思路，坐在离他远一点的桌子前，安静地读报、喝茶、吃早点。我从报纸上得知，昨天，俄罗斯金融市场恶性震荡，股市交易暂停，政府公债跌到谷底。如果俄罗斯政府没有偿还债务的能力，一场政治危机也许即将发生。我猜索罗斯心事沉重，肯定是为此事着急。

上午十点，索罗斯还是和平常一样，去网球俱乐部打球，我随他一起去玩玩，看他的双打比赛。这场比赛简直没法看，索罗斯的表现不仅让他的搭档失望，也让对手难以理解，他的临场状态极差，失误太多。球赛结束后，他冒着汗，尴尬地对球友们说："对不起，我今天走神了。"

在回家的路上，我对索罗斯说："今天的报纸报道了俄罗斯的危机，我猜你打球时心不在焉，是在想这件事。"

索罗斯说："没错，球虽输了，但我的思路比较清楚了。"

我问："我们还去海里游泳吗？也许海水能让你的思考更加清晰。"

索罗斯瞟了一眼车上的时间，答道："今天不去了，现在伦敦已经是下午六点了，我必须马上把文章写好，争取明天早上在《金融时报》上刊出。

索罗斯回家后，让仆人送一份三明治到他的书房，他一直待在里面，和纽约办公室的秘书通过电话一起工作。

到了吃晚饭的时候，我们围桌坐好了，准备为他庆贺生日。索罗斯一副倦容走进餐厅，在他的位置上坐好。

"文章发出去了吗？"我问。

"发了。"索罗斯答道，但样子看上去还是心神不定。

我带头举杯说："生日快乐。"大家都跟着我一起祝福他。索罗斯勉强地笑了笑，谢谢我们，然后自嘲地问："我有多大了？"我们都被他逗乐了，满桌都是笑声，气氛一下子就轻松下来了。

亚历山大问："Dad，你为什么在生日这天还要工作？"

索罗斯回答："俄罗斯危机严重，已经刻不容缓，我不得不写文章，呼吁大国联手，帮助俄罗斯解危。"

索罗斯和梁恒夫妇在他家里的私人晚会上。

亚历山大又问："你在俄罗斯有投资吗？"

索罗斯耸耸肩，不情愿地说："有。"

亚历山大急了，说："你明明知道情况危险，应该赶快逃走啊！"

索罗斯告诉他："只要大国伸手援助，危机一定能够化解，我就用不着逃了。"

第二天，英国《金融时报》刊登出索罗斯的文章，他指出，俄罗斯金融市场的解体已经到了致命的时刻，必须立刻采取行动。他建议，俄罗斯政府先将卢布贬值15%～25%，然后再建立与美元挂钩的货币联系汇率制。如果这样做不到，只要七大工业国立即注入150亿美元救市，俄罗斯危机即可缓解。他在文章中最后警告，如果国际金融当局不照他所说的去做，结果一定是俄罗斯政府偿还不了债务，或者是通货膨胀、物价飞涨。这两者之一都会导致惨痛的金融和政治后果。

可是，事与愿违，索罗斯的文章刚一见报，俄罗斯金融市场立刻崩溃，股市开盘便惨跌15%，卢布重贬，银行失序，民众抢着去银行提取现金，到黑市兑换外币，和俄罗斯银行有业务往来的各国金融机构，不惜低价，争先恐后抛售俄股。

更不幸的是，俄罗斯金融市场还在剧烈动荡时，对索罗斯的咒骂和抗议随即接踵而来。在电视财经节目中，有的人攻击他，说他的文章是有意煽风点火，打压卢布，而自己却早在卢布贬值开始时获利出场了；也有人怪罪他，说他是对全球金融市场举足轻重的人，所说的任何话都会影响或煽动市场，他的文章就像办公大楼里的警报器，人们听了当然会仓惶逃跑；甚至还有人讥笑他，说他没有吸取在马来西亚的教训，陷入政经漩涡，做了俄罗斯政府的替罪羊。

那天晚上吃饭时，索罗斯心情不好，苏珊和他说话，他答非所问。孩子们都看了电视报道，已经知道在俄罗斯发生的事了。前一天晚上，索罗斯对亚历山大说的话，不仅没有实现，情况反而更糟了。

亚历山大很关心地问：“Dad，你今天亏损了多少钱？”

索罗斯没想掩饰自己的失败，马上答道：“差不多6亿美元。”

格瑞格里问：“还有机会回来吗？”

索罗斯开玩笑地对他说：“你可以去问普京，不过，我已经知道他的答案了，”索罗斯端起酒杯喝了一口，装模作样地说，“我领导俄罗斯经济复苏成功，你老爸的钱就可以回来了。”

全家人听了哈哈大笑，晚餐的气氛顿时轻松了许多。

在此，为读者提供一下索罗斯战败的这场危机的剪影。

1998年1月底，俄罗斯爆发金融危机。起因是世界石油价格的下跌造成财政状况急剧恶化，为弥补财政赤字，国家发债规模急剧膨胀，致使股市和债市引发又一轮下跌行情。到5月，卢布兑美元的比价由6：1下跌到6.3：1以及短期国债收益率突破80%。1998年8月17日，俄罗斯政府和中央银行被迫宣布提高卢布“外汇走廊”上限，即把原来5.1～7卢布兑1美元的限制，提高到6～9.5卢布兑1美元。卢布实际贬值幅度高达50%。这标志着俄罗斯政府失信于民，金融危机不可避免地爆发了。

从1998年8月17日到9月4日，俄罗斯的股市、债市和汇市基本上陷于停盘交易状态，银行已无力应付居民提款兑换美元，整个金融体系和经济运行几乎陷于瘫痪。1998年9月4日，俄罗斯政府被迫宣布允许卢布自由浮动，卢布兑美元的比价猛跌至17：1（非官方的银行间交易价为22：1）。由此带来俄罗斯的企业和银行倒闭、物价飞涨、经济衰退。

外国投资者在俄罗斯那次金融大风波中约损失330亿美元，其中美国长期资本管理公司（对冲基金）亏损25亿美元，索罗斯量子对冲基金亏损20亿美元，美国银行家信托公司亏损4.88亿美元。

常在河边走，哪有不湿鞋。惯于金融市场征战的索罗斯失回手是很正常的。

晚饭吃好后，我陪索罗斯继续坐在餐厅喝酒，闲聊有关俄罗斯的情况。

十多年来，索罗斯在俄罗斯投入了大量的精力、时间和金钱，一方面是做慈善活动，另一方面是直接参与俄罗斯的政治、经济改革。莫斯科的索罗斯基金会在初期阶段，既没有效率、派别相争，还发生了许多贪污、腐败、盗用捐款的丑闻。

我曾经问过他，为什么面对挫败，还要坚持留在俄罗斯。他告诉我，促进俄罗斯的开放，将对整个世界有非常积极的意义。另外，他小时候，父亲给他讲了许多有关俄罗斯的故事，让他对俄罗斯文化产生了浓厚的兴趣，他年轻时，差不多读完了所有的俄罗斯古典文学名著，梦想过要去那里干一番事业。更重要的原因是，他多次呼吁西方大国的领袖们，支持和帮助俄罗斯的改革，但政客们不仅轻视他的想法，而且把俄罗斯视为乞丐，这反而坚定了他的决心，促使他越是艰险越向前，甚至违背自己“不在做慈善事业的地方投资”的原则，毅然在俄罗斯设立了投资组合。

“你现在会退出俄罗斯吗？”我问，因为索罗斯这次写文章呼吁救市，是一着不慎，满盘皆输，不仅丢了钱，而且也损了名。

索罗斯回答：“可以言输，不可言退。现在看来，我公开预测俄罗斯经济即将崩溃，是犯了一个相当严重的错误。人可犯错，但也必须为错误付出代价。”

我说：“可是，世人却把你视为金口玉言的神呀。”

索罗斯自嘲地笑道：“所以，神犯错更丢脸。”

索罗斯在伦敦《金融时报》上预测俄罗斯经济即将崩溃，并提出一套紧急救济的办法，却没料到结果是事与愿违。他的公开呼吁不仅加速了俄罗斯金融市场的崩溃，使自己在俄罗斯的投资也随着崩溃泡了汤，而且还备受各方的谴责。这次写信给自己带来的伤害一直让索罗斯心里不安，他在后来发表的著作里，多次承认自己的严重错误。

成为对世界有影响力的公众人物，是索罗斯多少年来梦寐以求而且力争不懈的。作为闻名全世界的公众人物，索罗斯知道自己的话会对某种情况产生影响。但他从不会去刻意地掩饰自己对事情的看法，这样一来，他的观点经常会得罪很多人。由于他的批判性思维比别人强大，对他来说承认错误绝不是丢脸的事，所以他能够做到不怕犯错，犯错即改。

三十五、自己遗嘱的执行人

2000年8月15日，索罗斯七十大寿。这天晚上，索罗斯夫妇在海边小镇的学校里举行盛大宴会，邀请了500位嘉宾出席。宴会前，索罗斯先请来宾们前往学校剧场，和他一起观赏音乐剧。这个音乐剧的名字叫《吊死者》，表演和剧名吻合，从头到尾都是围绕着“死亡”的主题。

打击乐器表演者用木棒，在12个木制的人体身上敲打出奇怪的音节。与此同时，弦乐四重奏乐队演奏命名为“恐惧”、“侵凌”、“死亡”、“丧亲”等乐章。两位身穿黑袍的女演员悲泣痛苦、疯癫乱舞。最后，钟声响起，12个木制的人体一一悬吊起来，幕布骤然垂落。观众们从恐怖的气氛中缓过神来，离开时，每个人都得到了一份小礼物：索罗斯父亲的回忆录——《死亡阴影中的舞蹈》。

来宾们可能都没有看懂这台演出的含义，大家进了宴会厅后，因音乐剧的刺激表演而产生的古怪、难受的心情立刻好转，他们被迎面飘来的美妙动听的音乐感染，吉普赛乐团奏起活泼明快的舞曲，整个宴会厅洋溢着欢乐气氛。

在庆生的晚上，索罗斯不仅让来宾们的审美情趣受到异样的撞击，而且让他们的口感也和平常不一样。他派专机把布达佩斯最有名的厨子们接过来，做了非常丰盛的晚餐，请来宾们尽情地品尝地道的匈牙利佳肴美食。

索罗斯在七十大寿的晚会上讲话，旁边从左到右是第四个儿子、第三个女儿、第二个儿子、最大的儿子。

在来宾们的掌声和欢呼声中，索罗斯走进舞池中央致词。整个晚上，他已经让客人们惊讶所看、惊讶所得、惊讶所吃，现在，他让在场的人惊讶所听。“女士们，先生们，我已70岁，谢谢光临，玩得开心。”在庆祝生命中如此重要的年岁之际，索罗斯的讲话就这么简单，500位来宾的确有点惊讶。索罗斯手臂一抬，舞曲响起，来宾们先后步入舞池，翩翩起舞。

宴会结束，客人们离去，我们一行人回到海边别墅。“梁，想不想去海边散步？”索罗斯问我，他心情愉快，没有倦意。“走吧。”我答应。

皓月当空，月影飘忽在海面上，海水银光闪闪。我们呼吸着海的气息，听着海浪拍岸，踩着清凉的柔沙，在月光的清辉下，闲庭信步。

这天晚上，最吸引我的是索罗斯父亲的回忆录。我以前就知道这本书，但他父亲是用世界语写的。晚会上人手一册的，是新出的英译本。

“你父亲的书对你影响大吗？”

“书对我没什么影响，有影响的是他这个人。我小时候把父亲视为全能的上帝，他不仅仅是给了我做人所需的智慧和勇气，真的，在我心中，他就是上帝。”

“现在还是吗？”

“早就不是了。我父母亲来美国后，父亲完全变了，失去了对生活的兴趣。我对他很生气。他去世时，我都没有去见他。后来我还是有点后悔。所

在索罗斯70岁的生日晚会上，梁恒夫妇和索罗斯夫妇开怀大笑。

以，母亲去世之前，我陪守着她，她双目失明，我读书给她听。她走的那一刻，我握着她的手，直到她说，她已经看到天堂的大门了，她不想让我跟她一起去天堂，我才放开她的手。”

我听了索罗斯的这段话，不由想到尼采所说的“上帝已死”那句名言，索罗斯父母去世后，又是谁在主宰他的灵魂呢？“你相信有上帝吗？”我问。

索罗斯没有马上回答，沉默片刻，慢慢说道：“实话告诉你，很多年以来，我认为自己就是上帝。因为我想做什么，就能做，也能做成。这种神奇的感觉有时候让我幸福，有时候也让我害怕。我一直想摆脱自己就是上帝的幻想，尽量让自己相信，我只是上帝派来人间，肩负使命的人。”

索罗斯的话让我暗自惊叹：“原来他自认为自己是荷担如来，最上乘者也。”我接着又问：“你现在还认为自己是上帝吗？”

“早就没有那个幻想了，”索罗斯笑着说，“至于‘我是上帝的使者’的这个幻想，70岁的今天也灭掉了，我今天起床时就是这样对自己说的：从现在起，我的个人生涯已经结束，我正在为死亡做准备。”

“什么？为死亡做准备？”我吓了一跳，连忙问道。

“对，我不想让别人在我死了后，去执行我的遗嘱。我就是自己遗嘱的执行人。”索罗斯很高兴地说，似乎对自己的安排十分满意，“我已经开始在做自己的遗嘱上应该去做的事了。在我死之前，如果这些事都做好了，我就真正死而无憾了。”

现在我明白了，索罗斯为什么在纳斯达克狂跌开始后，把投资风险大的对冲基金改组为以管理自己财富为主的保守基金。“你说自己的个人生涯已经结束，谁来负责新的基金呢？”我好奇地问。

“罗伯特。”索罗斯说。

大儿子罗伯特出任基金的掌门人，这意味着，索罗斯富可敌国、呼风唤雨的时代过去了，集240亿美元的索罗斯基金帝国从此结束，载入了人类金融史册。

我开玩笑地说：“金融家索罗斯已经对赚钱没有兴趣了，那么，慈善家索罗斯又会怎样呢？”

索罗斯笑道：“说实话，我对所有基金会的创造性，不再存有任何幻想，它们都早已蜕变为没有想象力的官僚机构。我已经警告全世界各地的基金会，我会在生前尽量把钱花光，以后，它们都将自生自灭。”

遥望浩瀚的天河，繁星点点，时辰流转，月亮好像离我们远了。我心想，难怪在七十大寿的宴会前，索罗斯让500位嘉宾观看“死亡”的音乐剧，带走与“死亡”有关的书，他是在向全世界暗示自己的信念。

索罗斯说出为死亡做的一些准备时，显得轻松舒畅，但我听了他的话，心里却很不平静。我在想，金融家，没了，慈善家，快没了，那么哲学家呢？我知道，在索罗斯生命中，永恒的是哲思。他从年轻的时候开始，希望在哲学上有所突破，创造对社会有益的非凡成就。岁月漫漫，心路迢迢，尽管探索艰难，修行寂寞，壮志未酬，但他仍然在哲学的宇宙里遨游。“你最终还是归位于哲学家了。”我感慨一声。

索罗斯先挖苦自己一句：“很失败的哲学家。”然后又说：“我从20岁开始写哲学论文，反复修改，多次重写，至今为止，已经出了6本书，但还是得不到哲学界的承认，有人甚至说，我的书不值一读。我非常痛苦，不过我不会放弃的。我相信，总有一天我会写出一本传世之作，只要有人类文明存在，就会有人找来读。”

索罗斯啊，你一生书哲思，苦无知音赏。我想到这，悲从中来，眼睛湿了。我克制住自己，大声对他说：“会的，哲王，一定会的。”

身为金融家，索罗斯在人类金融史上是一个成功的神话；身为慈善家，索罗斯已经捐赠给社会的几十亿美元的记录，是世界慈善事业的一个经典传奇，然而，身为哲学家，他还没有得到学术界的承认，仍然在黑暗的冥思隧道中摸索前行。索罗斯虽然对创造财富没有以往的野心和冲动，对慈善机构的创意也不再抱有希望，但是他对成就个人智慧，追求精神世界的最高境界仍然充满激情，锲而不舍。他深感到生命匆匆的紧迫，这些年来，几乎是每隔一两年就出一本书，把自己的思想和经验用文字记载下来，用他的话来说，留给未来人一些有生命的文字，而这些活的文字的价值远远超过物质遗产。“真正的我是冥思中的我，这个我，是永恒的。”这就是索罗斯的生命观。

索罗斯和杨青在70岁的生日晚会上跳舞。

三十六、他让我很开心

“我的发言时间是十分钟，我念稿，你看表，我念完后，你再提意见。”索罗斯对我说。我们在海边别墅的书房里，准备他的发言稿。索罗斯受中国对外友协的邀请，将于2001年9月中旬访问中国，出席在北京举行的《二十一世纪的中国与世界》论坛会议，并将发表主题演说。

从1988年至今，索罗斯已经有13年没有正式访问过中国。十几年来，索罗斯一直密切关注中国。每年我都会去中国好几次，走山河、逛里巷，交天下英雄豪杰，得四方真知灼见，每次回来，都会跟他讲所见所闻。2000年，中国申办奥运会成功，我记得那天早上，他指着报纸上头版刊登的这条喜讯，对我说：“梁，中国要腾飞了。”

我盯着手表，等他念完，抬起头对他说：“一共12分钟。”

“我可以再缩短一点。”他说着，从右手拿的一把铅笔里抽出一支，想马上删改。索罗斯从来都是自己亲手动笔写发言稿，他是用左手的人，所以，每次写作时，他的右手总是拿着五六支削好的铅笔。

“不用删了，人们视你为神，神口多动一下，又有何妨？”我开玩笑地说。

“有什么意见吗？”

“你说，如果中国要在全球经济中取得成功，必须成为更开放性的社会。能不能说具体一点，比如，言论开放、信息开放、上市公司财务开放、金融体制开放等等。”

“很好，我再修改一下。”

索罗斯人还没到北京，《北京晚报》就发布消息：金融大鳄将访问中国。紧接着，又有几家报刊在头版发布了这条消息。这次在北京举行的国际论坛会议，其名称就表明了会议主题的重要性。索罗斯在论坛会议上的发言非常成功，不仅受到了听众的鼓掌致敬，而且他的发言也被中国好几家有影响力的报纸和杂志全文或摘要刊出。

索罗斯还受北京大学的邀请，去光华管理学院演讲，和经济学者们、学生们一起座谈。北京大学的学生们对他的哲学思想很有兴趣，和他共同探讨有关开放社会的问题。学生们对哲学的热情让他十分感动，他私下对我说：“这些学经济和金融的学生，能够对哲学有深厚的兴趣，将来必定成大才，因为往往是那些具有哲学思考的人能洞察先机。”

会议期间，索罗斯下榻在国际俱乐部饭店。中方把安全工作做得非常严密。饭店里外都是衣着时髦、英俊魁梧的警卫们，三步一岗，五步一哨。索罗斯和其他参加会议的国际要人，只要外出，一定会前呼后拥，警车开道。

索罗斯在中国为读者签名。

索罗斯很想私下到街上看看，特别想重返故宫红墙外，并在那里沿墙散步。一天中午，按行程表的安排，他吃过饭，应该午睡。但我俩假装去游泳，避开安全警卫，从游泳馆后门出去，叫了一辆出租车，外出兜风去了。我们先去逛了西单书城。书城里人山人海，索罗斯对北京的文化风气称赞不已。我带着他，从哲学栏和经济栏的书架上，左拿右取，一下就找到了6本有关他的书。在文学栏的书架上，还发现了一本小说《追杀索罗斯》，赶紧拿了一本。我让索罗斯站在一个角落，面对书架不要动，自己抱着一堆书去付钱。出了书城，我们又叫了一辆出租车去天安门广场。

“先生，你手上抱着这么多书，是写啥的？”出租司机随便问问。

“都是关于金融大鳄的。”我漫不经心地回答他。

“报纸上都说了，这个掀起亚洲金融风暴的大鳄鱼来北京了。你说，索罗斯这个人吧，也太牛了，他说一句话，全世界炒股的人都得竖着耳朵听啦，”出租车司机笑着说，“他赚多少钱，怎么赚的钱，我不懂，也不想懂，但你说吧，他把十几亿美元拿出去做善事，这太让我服了，他牛得很啊！”

我听了出租车司机的话，心想，如果我告诉他，后面坐的这位老外就是那个挺牛的人，他会怎样？我把出租车司机的话翻译给索罗斯听了，他深受感动，脸上浮出幸福的微笑。

我看了一下表，没有时间去散步了，我让出租车司机在长安街上开慢点，然后绕着天安门广场兜了一圈，再直接回饭店。在车上，索罗斯告诉我，很多年前，他在欧洲的一趟火车上，遇到了一个吉普赛艺术团，这些人说，他们是得到索罗斯基金会的资助，去偏远山区为村民们演出的，他当时听了没作声，心里特别高兴。索罗斯现在回忆起这件事，说：“梁，那天，是我生命中最幸福的时刻。”

我们到了饭店游泳馆门口，从车里出来，索罗斯主动走上前去，和坐在前排的出租司机握了一下手，没有说话，只是深情地拍拍对方的肩膀。我们进了游泳馆后，索罗斯对我说：“他让我很开心，今天，也是我生命中最幸福的时刻。”

第二天，我们乘专机去上海，下了飞机后，马上赶去复旦大学，索罗斯晚上有一场对学生的演讲。出乎他的意料，上海学生们的兴趣和北京的学生们太不相同了。索罗斯讲演完后，学生们给他提的问题都是与股市有关。有人问他：“什么时候纳斯达克会回到正常状况。”索罗斯答：“已经跌倒1400点以下，现在就是正常状况了。”有人又问：“下周美国股市会怎样？”索罗斯笑答：“我没兴趣知道，因为我不是每天关注股市行情的人。”

回到波特曼饭店，索罗斯和我耐心地等到安全警卫人员下班离去。我吩咐杨青，如果有人问，就说我俩去游泳了。我带着索罗斯溜出饭店，刚下台阶，正好碰到安全主任，他走过来，好心劝我们注意安全。我对他说，没问题，我只带索罗斯在门口这条街散散步。我们说完，故意慢慢走，走到拐弯处，立刻叫了一辆出租车，让司机把我俩送到上海最火爆的迪斯科舞厅去。

进了迪斯科舞厅大门，从电梯进出的人很多，我们站在没人的角落一直耐心等着，等到电梯空了时才溜进去。在电梯里，我让索罗斯把外套脱了，带上眼镜，用手弄乱一点头发，并解开衬衣上面的两粒扣子。电梯门一开，我们进入了光怪陆离的灯光和震耳欲聋的音响世界。

“喝加冰块的威士忌吧。”索罗斯高兴极了，点好酒，自己找了一个桌子坐下。我很快就把酒端了过来。

我们完全被舞池中的情景吸引住了。几十个打扮时尚、漂亮性感的女孩子，随着音乐的节奏，在摇头晃脑，她们摆动的头发，在急剧闪闪的灯照下，好像一面面光滑亮丽的扇子，真是精彩夺目。

“走，我们也去跳舞。”索罗斯两杯酒下肚，兴奋不已。

我俩混入人群，跟着音乐，扭动摇摆，左顾右看，跳个痛快。我们玩得很开心，到了凌晨两点，我猛然一惊，想到“股神该回神坛上去了”，立刻拉着兴致未尽的索罗斯，急急忙忙地离开了这个动感新潮、声色炫目的地方。

索罗斯在上海复旦大学讲演前，与学校领导人和教授们交谈。

索罗斯在上海复旦大学讲演时，回答学生们的提问，说：“我不是每天关注股市行情的人。”索罗斯讲的是真话，他的确不会去留意每天的股市起落。作为一个哲学的金融家，他对金融市场有自己一套久经考验的、成功的投资理念和经营模式。这就是他在自己的金融专着《金融炼金术》里所说的盛衰循环论。按照盛衰循环论来看金融市场，索罗斯认为，三个基本因素的互动在影响金融市场。第一个因素是造成股价变动的趋势，这种变动可能会被投资人察觉到。第二个因素是市场参与者的偏见，这种偏见表现在股价的涨跌上。第三个因素是股价本身。索罗斯认为，第三个因素是由第一个和第二个因素决定，但同时反过来也会影响第一个和第二个因素。最重要的是，这三个因素的互动在改变市场，有时候会把市场推向极盛（暴涨趋势），有时候也会把市场推向极衰（暴跌趋势）。索罗斯指出，凡是能够快速辨认出互动状态的人，就会有最好的获利机会。

索罗斯于2001年在上海复旦大学讲演。

从索罗斯的投资理念和经营模式来看，索罗斯是以自己的哲学思想来建立起盛衰循环论的。很久以前，他创立了自己的哲学体系“反身性原理”，根据这个原理，任何历史事件的发生既不是由客观决定，也不是被主观左右，而是主观和客观相互作用变动的结果。多年来，索罗斯把金融市场作为自己的哲学原理的实验平台，并以这个原理指导自己的金融投资活动。在他的市场盛衰循环论中，三个因素的相互影响和变动正是“反身性原理”的具体体现。可想而知，一旦索罗斯看准了这三个因素的互动在引发市场的趋势变化时，他肯定会立刻出手，或者放空，或者做多。对把握了大趋势的他来说，当然不会去关注每天的股市起落的。

三十七、突然变卦

索罗斯在上海只待了一天，他和上海市政府领导人会谈后，又去参观了上海未来20年发展的模型展览，他听得认真，看得仔细，也提了几个前瞻性的问题。在离开上海前两个小时，他赶紧抓紧时间，登上金茂大厦顶层，一览中国最大城市的全景。他俯看着平地拔起的摩天楼群，啧啧称羡，当他把上海证券交易所尽收眼底时，很有感触地对我说：“不久的将来，国际金融中心可能会从华尔街移到亚洲，不会是东京，也不会是香港，而是上海。”

“不久又有多久呢？”我问。

“中国创造了资金自由流动、货币自由兑换的金融环境以后。”索罗斯答。

我摇头笑着说：“那一天的到来还早着呢。”

“既然还早，我们就说说眼前的事吧，”索罗斯也笑了笑，改了话题，说，“你设想一下，我们现在能在中国做点什么事，想好以后，再回纽约来告诉我。”

索罗斯离开中国后，我开始作调查研究，向各类朋友征询意见。我知道，索罗斯在全世界各国，不论是投资，还是做慈善事业，都会严格遵守当地的法律和法规，这是他一辈子很少吃官司的原因。我发现，虽然想做的事很多，但根据中国当时的法律和法规，能做的事却很少。

经过一个月的调研后，我还是想出了一个可行方案：兴办教育，具体地说，就是在中国创办索罗斯金融学院。我研究了中国法规条例和有关私人办学的政策，发现政府不允许外国独资者办学，而中外合资办学还是可以的，但由民办高等学校颁发教育部认可的文凭是一个难题。

不管怎样，道路肯定曲折，前途也许光明，试了再说。我主意已定，马上开始找合伙人，想来想去，想到了以前的老朋友李兄。他于1988年离开中国改革与开放基金会之后，去美国哥伦比亚大学政治系读硕士，毕业后，在华尔街一家投资银行任副总裁。做了不久，就回香港去了。我们从那以后就断了联系。

我好不容易打听到李兄的电话，在电话里，我把办学校的想法告诉他，他听了后，觉得不错，值得去做，第二天一早，就从香港飞来上海，继续和我探讨方案。老朋友十年未见，各有沧桑可叙，叙旧论新，我们准备好好干一场。

我回到纽约后，向索罗斯详细汇报创办金融学院的方案，他听了很满意，马上打电话给中欧大学副校长，让他立刻飞来纽约，共商此事，并让我通知李兄，也速来纽约开会。

索罗斯于1991年在布达佩斯创立了中欧大学，在布拉格和华沙都有分校。10年来，中欧大学已经为89个国家，培养了4000名学生。他听了我的办学方案后，很自然地联想到了中欧大学，如果能在中国办一所学校，就能在欧洲和亚洲之间搭起一座教育桥梁，来沟通东西方文化思想的交流。基于这点，他想让中欧大学副校长加入这个计划，以便将来把中欧大学的教学资源引进中国。

李兄和副校长很快到了纽约，索罗斯让他们俩人先讨论一下方案，第二天再去他家开会。我真没想到，他们俩第一次见面就产生了矛盾，双方都很不愉快。副校长开口第一句话，就说他自己是这个项目的主任，李兄一听，马上反驳，说这是在中国的项目，你怎么能够做主任呢？会议不欢而散后，我马上给索罗斯打电话，向他反映了双方争领导权的问题，我也表达了自己的看法：主任非李兄莫属。

第二天，在索罗斯家里举行的会议上，索罗斯首先以坚定的口气任命李兄为项目主任，并让他主持会议。李兄把方案提交给大家讨论，方案的主要内容是，他和索罗斯为这个项目的合伙人，索罗斯出资2000万美元建校，校址选在上海，用两年时间做准备，筹备期间的工作预算为100万美元。中欧大学副校长对方案表示同意，索罗斯也同意，但他建议，这所学校的性质不完全是教学金融，还要有哲学、文学、社会学等其他人文学科课程。

会议结束后，李兄和我飞回上海，立刻开始筹备工作。我俩每天忙得不亦乐乎，中欧大学副校长迟迟未来上海。又过了几天，副校长和李兄有了新的矛盾，两人在电邮上展开了你死我活的争斗。这次的冲突是有关个人经费的问题。对方提出，他和太太从匈牙利来上海工作，一年来回头等舱机票需要20万美元，他也质疑李兄这边的费用是否合理。

总之，他们俩都互不买账，争来争去。最严重的问题是，他们各自都把电邮转发给索罗斯。远在天边的索罗斯没有得到工作进展的汇报，而是两人的意见分歧和互相指责，最后，索罗斯实在受不了频繁转发给他的争吵邮件，也不管谁是谁非，突然变了卦，干脆下令取消了项目。我精心策划出来的办学计划也就付诸东流了。

李兄不甘心就这样失败，立志要办一所学校。他决定先办一个小规模的金融培训中心，也不要索罗斯出大钱，只让他投资10万美元就可以了，但关键是，这个培训中心要用索罗斯的名字命名。我听了这个想法，觉得也不错，于是，安排他夏天去索罗斯的海边别墅，让他当面和索罗斯谈谈。

经过几个月的努力，李兄做好了详尽的准备，满怀信心去见索罗斯，以求他的支持。他到了索罗斯的海边别墅后，第二天早上，索罗斯和他共进早餐。前一天晚上，索罗斯已经看过他的计划书了，刚坐下没多久，索罗斯开门见山地说："很抱歉，我不想加入这个计划。"

李兄没想到索罗斯是这个态度，只好临场一变，问他："你不加入也没关系，我想用你的名字来命名这个培训中心，你同意吗？"

索罗斯笑了笑说："你想用就用，我不会在法律上告你的。"

李兄没有得到索罗斯的实质性支持，心里肯定很恼火，但索罗斯还是给了他面子。我觉得此事已经没有商量的余地了，生意做不成，还可以做朋友。索罗斯跟盟友翻脸的事已是屡见不鲜了，他对李兄算是很客气的了。我打破僵局，赶紧提到索罗斯正在写书的事。一说起这个话题，索罗斯和李兄顿时变了样，他俩很有兴趣地讨论起哲学范畴的问题，餐桌上的气氛也轻松了，大家有说有笑，一直聊到索罗斯要去打网球为止。

索罗斯进房间去换球衣时，我跟在他身后追问了一句：“你为什么不支持他？”

“他不是生意人。”

索罗斯想在中国创办金融学院的计划泡汤，其原因主要是：第一，索罗斯的想法超越了中国的国情。当时的国情是外国人可以和中国的高等院校合作办学，但不能以独资法人的形式在中国办教育。如果索罗斯愿意和中国的教育部门合作办学，这种机会并不少。而索罗斯对于这类性质的合作存有戒心，他不愿意只是扮演捐款人的角色，他想办一所完全由自己出资的、独立自主的金融学院。第二，没有教育部的批准，外国人也可以办独资的金融学院，但是不能颁发正式的文凭。如果当时索罗斯这边不考虑文凭的问题，只要把金融学院办起来，利用业余时间来上课的学生也会源源不断。但索罗斯不应该让中欧大学的副校长在创校的前期参与进来，而应该让李兄全权负责筹建，等硬件有了一定的规模后，再请中欧大学的副校长把国外的教学资源引进来。索罗斯这种坐山观虎斗的操作模式，只会让事情办不成。

三十八、特殊使命

2002年的夏天过去了，我又回到中国继续寻找机会，找了很久，还是没有收获。根据当时的实际情况，索罗斯想在中国做的一些事都很难实现。比如，成立慈善基金会，创办私人银行，设立私募基金，投资媒体或金融板块等等，不管他是想做慈善事业或是搞金融投资，中国当时的法律大门对外国独资者都是关闭的。

有一天，我在北京昆仑饭店和一位朋友喝茶，他告诉我，最近朝鲜领导人金正日访问了中国。在上海期间，金正日突然提出要去外滩看看，虽然他在上海的活动没有这项安排，中方还是临时让他去看了。另外，金正日在返回朝鲜时，让专列停在中朝界河处，他走下火车，回头看，中国境内人声鼎沸、彩灯辉煌；往前看，他自己的国境内，黑暗清冷、灯光零落。他站立很久，若有所思。

我听到这，灵感一动，问朋友："如果索罗斯想去朝鲜做点事，你们能不能帮忙牵线。"

我的朋友是通天人物，此事对他来说，应该是举手之劳。他说："索罗斯干什么，跟我们没有任何关系。但让我帮你找几个人咨询一下，应该没问题。"

有他这句话，我想法已定，第二天就飞回纽约。一下飞机，我马上去索罗斯家，向他汇报我的构想。

“你朋友说，金正日在界河边上站了很久，是吗？”

“对。”

“难道金正日也想搞改革？”

“不知道，朋友没说。”

“你想到朝鲜做什么？”

“设立学者访问计划，让朝鲜的各类学者到国外的大学和研究机构学习或做研究。”

“好主意。”索罗斯对我心血来潮的构想表示赞同，他自己经常也会有奇思怪想，反正我们都喜欢冒险，去试试也未尝不可。

两天后，我又返回了北京，马上找朋友商议此事。朋友听了我的想法，首先跟我严肃了一句：“咱们把话讲清楚，你们的事和我们没有任何关系。”我回答：“明白。”“那好，我帮你找几个人来聊聊。”他说完，拨了几个电话。

当天晚上，朋友带了5个人来和我一起吃饭，他们每个人的背景不同，但都是中国最顶尖的朝鲜问题专家。通过他们的介绍，我基本上清楚了三件事：第一，金正日的性格和做事方式；第二，朝鲜目前的状况；第三，朝方也许会同意我们的计划，但绝不是索罗斯猜想的。金正日可能有改革的心愿，多强烈，很难说，但这个计划很可能会成为一个交易，索罗斯送对方100万美元，来换取对方送一个学者出访，最后，索罗斯等于是去给金正日送钱的财神爷。

这次咨询，让我清醒过来。我半夜给索罗斯打电话，告诉他，去朝鲜做改革项目的计划可能要取消。他听了后，不再提朝鲜，只是在电话里说：“赶快回来，我有重要事情和你商量。”

第二天，我又飞回纽约，下了飞机，驱车直奔索罗斯庄园。两个小时后，我进了他的书房，他放下手中的书，半开玩笑地说：“很抱歉，你可能又要回中国去，而且越快越好。”

“有什么特殊使命？”

“中国新一代领导人已经开始准备接班。我很想和他们建立对话的私人渠道。我预感，未来的世界将会有大事发生，比如说，前所未见的全球金融危机、狭隘的民族主义团体和恐怖主义组织给世界带来不可预测的灾难。我希望通过私人渠道，把自己的想法及时告诉中国新一代领导人，我也可以把自己在国际事务中的各种资源给他们用。”

“明年三月，中国人大将正式选出国家主席和总理。现在快到圣诞节了，为了实现你的愿望，我必须马上行动。”

两天后，我又返回了北京，并且和中国大饭店签了一年的合同，准备长住北京，建立渠道。到北京后的第三天，我把自己的使命告诉朋友，问他意见。朋友认为这是好事。他说，当年毛主席就有私人朋友，美国作家斯诺；邓主席也有私人朋友，美国富商哈默。如果能为中国新的领导人找索罗斯做私人朋友，他一辈子积累起来的各种资源会很有价值，何况在亚洲金融风暴期间，索罗斯还私下给朱镕基总理出谋划策。“别着急，你要耐心等，我先去问问。”朋友说。

说到哈默，这里有一个故事。那是1979年初春，邓小平进行了一次新中国成立以来中国领导人首次访问美国的特别行动。

在美国得克萨斯州休斯敦市的一次聚会上，邓小平第一次见到哈默。

陪同的一名翻译依次把每位在座的总经理介绍给邓小平。

当翻译介绍到哈默时，邓小平打断翻译的话说：“你不用给我介绍哈默博士。”然后笑着握住哈默的手说，“我们都知道你。你是在苏联需要帮助的时候帮助了列宁的那个人。现在你可要来中国帮助我们呢。”

“我非常愿意，”哈默回答说，“可是据我了解，你们不允许私人飞机进入中国，而我年纪太大，不能乘坐商用飞机。”

“噢，”邓小平把手一挥爽快地说，“这好办。你只要给我一封电报，告诉我你想什么时候来，我可以作出一切必要的安排，希望你多带专家来。”

果然，两个月后，一向敢为人先的哈默怀着对邓小平的好感和对中国市场的看好，乘坐他的一架私人波音727飞机，带着20多位专家兴致勃勃地来到了中国。经过与中国有关方面的多次会谈，哈默与中国方面签订了包括石油勘探、煤矿开采、杂交稻种和化学肥料等方面的初步协议，开始了与中国的经济合作计划。

这是否就是一个开放的中国走向世界的前奏呢？

过了一个星期，朋友来饭店看我，说这件事有了答复：可以安排私下见面。太好了，我马上给索罗斯打电话，他听了非常高兴。很快，中方和我开始进入准备阶段。

一天晚上，朋友带我去一家餐厅吃饭。饭后，我随他到餐厅的贵宾房，在那里，我们足足谈了8个小时。他问我答，从索罗斯个人成长的经验，到他的哲学思想、金融活动、慈善事业，以及他的性格、爱好、兴趣、家庭生活等等。谈话结束后，我俩疲惫地走出餐厅，朋友笑着说：“你将来应该写一本有关索罗斯的书。全世界只有一个人和他近距离相处了这么多年，而这个人是一个中国人，天赐的啊！”

下一阶段工作是准备会谈内容和安排会见时间。在这期间，我成了空中的吉普赛人，在北京和纽约之间飞来飞去。道理很简单，生活在数据信息时代，想要保密，就只能用原始办法：人当信使。经过几个月的努力，会谈内容基本上敲定。但很不幸，中国出现了“禽流感”，北京城里人心惶惶，整个大饭店就剩我一个人。朋友来电话，催我赶快撤回去。

又过了几个月，朋友让我去北京，准备最后敲定会见时间。可是，天有不测风云，我们刚把时间定好，索罗斯也从纽约启程了，他准备先去南非和总统见面，然后再去中国。但没想到就在这个时候，“天鹅绒革命”发生了。

所谓“天鹅绒革命”是与暴力革命相对比而来的，指没有经过大规模的暴力冲突就实现了政权更迭，如天鹅绒般平和柔滑，故得名。狭义上是指捷克斯洛伐克于1989年11月（东欧剧变时期）发生的民主化革命。而21世纪初期一系列发生在中欧、东欧独联体国家亲美化的颜色革命基本上都属于广义的“天鹅绒革命”类型。

从乌克兰到乔治亚，从立陶宛到白俄罗斯，许多国家都进行了民主选举，选上的国家领导人差不多都是亲西方的，下台的那些领导人和周边非亲西方的国家领导人，都把“天鹅绒革命”的变天后果归罪于索罗斯，具体地说，都指责索罗斯在这些国家的基金会支持公民社会的活动，为民主选举推波助澜。索罗斯公开出面好几次，通过媒体为自己辩解，但毫无效果，这次，他真的成了政治替罪羊。

朋友见了我，无可奈何地说："早不发生，晚不发生，偏偏在这个时候发生'天鹅绒革命'，你知道吗？三位外国领导人来中国，都骂索罗斯尽干坏事。我看，索罗斯的访问可能有问题了。"

"索罗斯已经到了南非，他将按计划乘专机飞来北京。"

"让他千万别动，等我的最后消息。"

第二天晚上，朋友来饭店告诉我，最后的决定是：以后再说。朋友说完，让我接通索罗斯的电话，他正式代表中方和索罗斯讲话。索罗斯在电话里对中方的决定表示理解，通完电话，他立刻改道回家了。

"天鹅绒革命"发生后，西方有媒体报道说，索罗斯通过他在这些国家的慈善机构，幕后操纵了这场革命。对于这些不实之词，索罗斯和他的公关代表多次出来辟谣。但索罗斯被人攻击和污蔑是常有的事，特别是那些怀疑或敌视开放社会原则的政客和利益集团，经常把他们自己造成的政治危机怪罪于索罗斯。事实上，索罗斯在各个国家的基金会所资助的各类项目，都是为了促进社会的开放和进步，对于那些信奉集权主义的政客和畏惧公民社会的权力者来说，索罗斯的确让他们头痛。虽然索罗斯在中国也是备受争议的人物，但他为中国的改革和开放事业做过贡献。当年获得他的资助的一些青年精英，现在正在中国的政治、经济、文化和教育领域发挥重要的作用。作为对世界经济的分析极具影响力的金融大师，他对中国在全球化的领导地位和举足轻重的影响，给予了积极的肯定，并对中国的未来发展寄予了很大的希望。他在最近的演说中是这样评价中国的：

"中国已经找到了一种有效的方法，能释放并激发其人民渴望和获取财富的创造性、能动力和创业精神，人民被允许谋求自身的利益。同时，国家可以通过维持价值低估的货币和累积贸易顺差，抽取其劳动力剩余价值中相当可观的一部分。因此，中国很可能成为一个大赢家。"

三十九、相聚难期了

索罗斯从南非返回纽约后，我一直待在北京，主要工作还是为他在中国寻找做事的机会。有一天，杨青来电，说索罗斯夫妇准备离婚，提出离婚的是苏珊。我听了这个消息，一点都不吃惊。很多年前，我就觉得他们离婚是迟早的事。

从索罗斯和苏珊有了第二个小孩格瑞格里之后，索罗斯就经常不在家；在家时，也没有花很多时间和孩子们在一起玩。苏珊对他的不满越积越多，为了小孩，她一直忍着。她和索罗斯为这种不正常的家庭关系吵过多次。

记得有一天早上，我去索罗斯家，发现苏珊头发散乱、脸色憔悴、眼睛都哭肿了。我问她怎么回事，她声音嘶哑地说，昨晚和索罗斯吵架，两人后来打起来了，索罗斯把她拖进浴室，反锁上门，让她在浴室里哭了一个晚上。我看苏珊挺可怜的样子，安慰她说："不就是为了孩子的事，何必闹成这样呢。"

苏珊说："我只是劝他多花点时间陪小孩，他竟然对我说，是我要生小孩，所以是我的孩子，不是他的。疯子！"

事实上，苏珊提出离婚还有一个原因，就是索罗斯在外面有女人。其实，索罗斯花心也并不是什么新鲜事。每年夏天，在海边度假时，小镇的画廊在周末常常会举办晚会，有时候，我们大家一起去玩，回来后，苏珊和杨青都睡觉了，索罗斯还会叫上我再回晚会去，继续喝酒、跳舞，和性感漂亮的年轻女孩聊天。在这种奢华的晚会上，有许多衣着时尚的美貌女孩在捕捉机会，涉猎富豪，但索罗斯从来都不会和她们私下交往。他喜欢性感的中年知性女人。我见过他的几个女朋友，她们有的是律师，有的是搞艺术的，还有的是影视节目主持人。

我记得有一次，索罗斯跟我说，有一位著名的电视女主持人主动亲近他，并请他去一个滑雪山庄共度3天。索罗斯是临行前才和我说这件事的。我开玩笑说，他最好在使用避孕套之前吹一下，以防万一有肉眼看不见的气孔，让对方怀上孕就麻烦了。没想到他第二天就回来了。我问他为什么提早结束了幽会，他耸耸肩说，对方今天早晨提出来要和他结婚。我当时听了一怔，马上问："你同意了吗？"他笑着说："我要和她结婚，现在就会离婚的。"我问："为什么没答应？"索罗斯对我眨眨眼睛，笑答："性冷淡，在床上躺着纹丝不动。"

还有一次，我接了一位女士的电话，对方声称是索罗斯的女友，她说自己已经跟索罗斯一起在欧洲旅行过一次了，她非常爱索罗斯，而且是认真的，希望我跟她说说，索罗斯和他太太的关系到底怎样，并且帮她提供机会能和索罗斯幽会。我听了后，想都没想，就把电话挂了。事后，我问索罗斯这位女士是谁，怎么会有我的电话号码，他也想不出来，只好说："以后凡是有这种电话，还是要客气一点，可以闲聊几句，不回答问题就行了，千万不要伤害对方。"

话说回来，这么多年来，苏珊对索罗斯有外艳的事，也是心知肚明，只是睁一只眼，闭一只眼罢了。现在可能是因为小孩子都长大了，她已经熬过了吞声忍气的阶段，反正索罗斯一年也很少在家，她的生活中有他无他都是一样的，所以，她鼓足勇气，下定决心把婚离了，去寻找自己的新生活。

我接到杨青的电话后，还是想回纽约见见索罗斯夫妇。正逢感恩节快到了，我离开北京，飞回纽约。下了飞机后，我直接就去索罗斯庄园。

那是一个暮色苍茫的黄昏，天气很冷，枯叶早已掉落，光秃秃的树枝在寒风中摇晃，偶尔有几只鸦叫，声音透着丝丝悲凉。我进了客厅，空无人影，听见后院有人说话，推开纱窗门出去一看，原来是索罗斯和苏珊正坐在后院藤椅上，喝茶聊天。

“快过来，快过来。”他们见了我特别高兴，苏珊连忙招呼我坐下。

“我没有打扰你们吧？”

“没关系，我们正在商量离婚后，怎么共同使用庄园里的游泳馆、网球场、马场。”苏珊说得很轻松，直白，看来他们的离婚是心平气和的分手。

我坐下后，仆人送来一杯热茶，我端起喝了一口，问道：“你们真的要离婚？”

索罗斯点点头，没说话，苏珊说：“我们三个人这样一起坐着聊天的机会，以后很难有了。”

我听了这句话，心里一酸，眼睛马上湿了。我忍住自己，双手捧着茶杯，和他们一起静静地坐着，沉浸在难以形容的情绪中。

索罗斯、杨青和客人在感恩节的晚宴席间。

时光倒流，20年前，我第一次到索罗斯家去，在客厅里，我们三人坐在一起，苏珊问索罗斯为什么称呼我“梁”。往事历历在目，犹如昨天。但现在，还是我们三个人坐在一起，说的却是他俩分手的事。虽然话题很苦，可我只想三个人就这么一起坐下去，也许，这将会是最后一次。我心里悲叹一声：以后相聚难期了。

我们三个人在寒冷中默默地坐着，最后，还是我打破了沉默。

“你们谁会继续住在庄园的别墅主楼？”我问。

“我住在这里，乔治会住在对面山坡上的那栋别墅。”苏珊回答。

我对索罗斯说：“那我要见你不方便了，还要穿过一大片树林，才能走到山坡上。”

苏珊笑着说：“你见他当然会不方便了，他的女朋友肯定会嫉妒你们之间的亲密关系。”

苏珊苦涩的玩笑真的变成了事实。第二年夏天，我和杨青去索罗斯的海边别墅度假，索罗斯的女朋友很明显不喜欢我，她非常嫉妒索罗斯和我相处的情景。

有一天中午，我和往常一样，在吃饭前，先和索罗斯一起去海里游泳。在游泳时，我问索罗斯：“你会和你的女朋友结婚吗？”

“不会。”

“但昨晚吃饭时，她露出手指上的大钻石戒指，对我说那是你送给她的，她就等着你求婚了。”

“她愿意这样想，就让她这样想，反正我不会和任何女人结婚的。”

“那你会不会有固定的女朋友照顾你呢？”

“我不需要任何女人照顾，我也不会有固定的女朋友。我很开放，想和各种各样的女人交往。”

“谁帮你找女朋友？”

“有一个人专门给我介绍女朋友。”

“那人是专门为有钱人找女人的，对吧？

“是这么回事。”

“你和女朋友相处的时间会是多久？”

“看情况，可以一个晚上，也可以一个星期，还可以一个月，但不会太久。”

我们游完泳，回到别墅花园吃午饭。索罗斯的女朋友刻意安排自己和我离索罗斯远一点，坐在另一边的座位。她边吃边低声问我：“乔治和你去游泳，去了很长时间，你们不会只是泡在海水里吧。我想你们会在沙滩上休息闲聊。”

“没错，是在闲聊。”

“有没有谈起我，乔治有没有跟你说，他对我的看法？他会不会和我结婚？”

“没有。我们谈中国的事。”

“那好吧，你能不能给我讲一讲苏珊是怎样的人？”

“聪明、贤惠、优雅、心肠好、善解人意。”

“哇，这么完美，乔治怎么会和她离婚呢？”

“你最好自己去问乔治。”

索罗斯10岁时，为抵抗外国侵略的芬兰人民捐款，他的行善得到了当地报纸的表扬。13岁时，为了躲避纳粹的追杀，他被父亲改名换姓，东躲西藏。15岁时，他在布达佩斯的餐馆里和咖啡店倒卖碎金，做外币的黑市交易。17岁时，他离开故乡，独自一人去英国留学，在世界顶级的学府之一伦敦经济学院苦思冥想哲学问题，写下了第一篇哲学论文《意识的负担》。与此同时，他在社会的最底层辛苦打工，为了谋生，只要能挣钱的工作都会去做。26岁时，他胸怀大志，充满激情，只身到了美国，在华尔街奋斗了几十年后，终于凭借自己的创意和胆略，在金融投资事业中创下了辉煌的成就，被世人称誉为对冲基金的教父和股神。然而，身处金融至尊地位的索罗斯，在自己的婚姻生活中却是一个彻底的失败者。他的两次婚姻都是由太太主动提出离婚的，因为他在她们的心中既不是一位好父亲，也不是一位好丈夫。

索罗斯的一生就是不断地创造，创造了巨大的财富后，又用财富去创造社会进步，在创造社会进步的同时，还要创造精神财富，专心致志地著书立说，用自己的哲学思想去影响世界。遗憾的是，正是因为索罗斯渴望改变人类社会，有创造历史和努力使自己成为伟人的宏愿，所以他刻意地去追求公众化的生活，把大部分的精力和时间投放到自己热衷的事务中，以至于在生活中本能地忽略了自己的婚姻和与孩子们的关系。他可以胸怀天下，悲怜众生，但他对身边最亲近的人所付出的关爱实在太少。事实上，他的两次婚姻破裂，对两位太太和各自的孩子们来说都是好事。索罗斯离婚后，他的两位前妻和孩子们都生活得很幸福。

索罗斯、梁恒夫妇和客人在感恩节的晚宴席间。

四十、朝令夕改

立秋后的一天，我接到谭盾的电话，他说10月中旬将在北京举行一场音乐会，这场音乐会是视听艺术相结合的一次尝试，希望我能去观赏。时间过得真快啊，从我第一次代表索罗斯捐助他的音乐会，到现在他成为世界闻名的音乐家，一晃就差不多20年了。“谢谢你的邀请，我一定去。”我说。

我抱着极大的好奇如期赴约。说实话，我对谭盾的音乐还不太理解，与其说是欣赏，还不如说是尽量去揣摩。表演结束后，谭盾让我随他去后台休息室坐一会儿，然后再一起去一家湖南餐厅吃饭。“在北京的湖南老乡们为我办了一个晚会，他们都是湖南来的各路精英人士，你可以和他们聊聊。”谭盾刚说完，一位中等身材，笑容满面的男士走了进来。谭盾把我们互相介绍认识，这位新朋友叫刘沙白，是湖南电广传媒副总裁、北京远景东方影视传播有限公司的总经理。

晚会上，刘沙白和我坐在一起，我俩交谈甚欢。没想到他也是长沙人，而且他以前所住之处离我们家不远，最有意思的是，我俩小时候还在同一个火车货运站干过苦力活。就凭这件事，我们很投缘，一下子就成了好朋友。

刘沙白对我说，湖南电广传媒是中国第一家媒体上市

索罗斯与刘沙白和梁恒在交谈。

公司，他负责的远景东方公司是湖南电广传媒旗下的子公司，专门制作财经节目。我告诉他，作为索罗斯在中国的私人代表，我一直在寻找成立慈善基金会的机会，但中国的法律还不允许外国独资人进来做这件事。现在，索罗斯已经完全放弃了这个想法，决定寻找机会搞投资，不过，除了媒体和金融领域的项目，他对其他领域没兴趣。

"噢哟，踏破铁鞋无觅处，我就是你们要寻找的机会啊！"

"中国的法律不是不准外国投资人沾媒体的边吗？"

"你们很幸运，我刚咨询过相关主管部门，可以允许外资参股，但必须中方控股。"

听了刘沙白透露的这个消息，我很高兴，索罗斯终于有机会可以在中国做他想做的事了。我决定第二天去刘沙白的公司了解情况。在刘沙白的公司做了三天调研后，我立刻返回纽约，向索罗斯汇报这个商机。

回来后的第二天中午，索罗斯和我一起吃午饭，听我刚讲了几句，马上让我停住，他和秘书通电话，让她立刻通知他的儿子，这位新的掌门人，以及负责投资企业项目的基金经理一起参加电话会议，听我详细汇报从中国找回来的商机。索罗斯的儿子刚上任不久，没说一句话，基金经理问了我几个问题，我都一一回答。最后，索罗斯定夺，说了一声："行动吧。"

三天后，我飞回北京，亲自督战，协助刘沙白准备投资计划书。根据美国律师、会计师、投资分析师的要求，我让刘沙白逐条照办。还好，他的公司刚成立三年，没有什么不透明的情况，但关键是怎样做出一份英文的投资计划书，这种英文的表达和格式必须符合国际金融界的标准。

我立刻想到了"博事通"，这是我的朋友宇光自己的金融翻译咨询公司。"博事通"在中国不显山不露水，但其口碑在国际金融界可是响当当的，其客户包括全世界第一流的金融机构、投资银行和律师事务所；中国排头的几家大银行和一些大国企也是它的客户。有"博事通"，我就放心了。

2005年8月中旬，经过了几个月的努力，我带着投资计划书回到纽约，下了飞机，立马赶去索罗斯的海边别墅，请他审批计划书。

第二天，正好是索罗斯75岁生日。他清早起来，穿着浴袍，拿着计划书到花园里的露天餐厅吃早餐。我时差还没倒过来，正精神得很，坐着边吃边听他说话。

"这是我所看到的，非英语国家做得最好的投资计划书。"

"你指的是英语，还是项目本身？"

"英语，准确地说，国际金融英语。"

"高盛、摩根斯坦尼在中国的业务都是由这家公司翻译的。"

索罗斯还没说完，电话响了，是负责投资企业项目的基金经理打来的。索罗斯听了一句，朝我眨眼一笑，示意对方正在谈这份计划书。我知道，肯定是基金经理看完我电邮给他的计划书，正在向索罗斯谈自己的看法。

索罗斯放下电话后，笑着说："他也在夸奖这份计划书的质量，他一天要看很多份从世界各地送来的计划书，他对这份计划书的印象和我一样好。”

“他还有什么其他问题吗？”

“没有。今晚在生日宴会上，他想找你聊聊。”

索罗斯的生日晚会比起离婚前，由苏珊亲自操办的逊色太多了。这个晚会是直接交给公关公司筹办的，虽然客人来了200多位，但晚会给我的感觉，就好像是一场盛大的公司鸡尾酒会。

我在人堆中找到了基金经理，他见了我还是不停地说计划书如何如何好，很佩服中国金融服务行业的高水准等等。

“从这份计划书可以看出，刘先生是一位诚实的商人，我们很愿意和他合作。他们的财务报表显示，他们并不缺钱，而是想借GS的投资参股发展壮大，争取在美国上市。”

“你说得对。”

“你回中国后，让刘先生和这家英文翻译咨询公司签合同，以后所有的翻译业务都交给这家‘博事通’公司。”

“没问题。”

“你什么时候回中国？”

“明天。”

我兴冲冲地离开了纽约，上了飞机后，我劝自己好好睡一觉，到了北京又要开始忙了。可是，世事真是难料，就在我一路上睡觉的这十几个小时里，中方的情况有了突变。

我到北京后，刚进饭店，刘沙白急急忙忙赶过来见我。他神色黯然，苦着脸说：“你还在飞机上的时候，主管部门已经下达了新规定：不准外国人投资中国的媒体企业。”

“你不是说可以投资25%的股份吗？”我按捺不住，急着问。

“我们这里总是朝令夕改，你应该知道的。”

正在这时，我的手机响了，接了一听，我整个人都傻了。对方是纽约的基金经理，他说，索罗斯和他刚刚获悉了中国颁发的新规定，没有办法，GS让他转告我：放弃。

索罗斯做事的风格是从来没有定性，也就是不按常理出牌。如果他对某件事很有兴趣，或者某种机会对他有强烈的吸引力，他就会对这件事有类似艺术家的灵感冲动和激情，并且快速地作出决定，让手下人马上开始行动。但是，当事情的进展一旦超出了他的掌控，或者他直觉到事情并不是如他所愿，他就会立刻刹车。

投资中国的媒体板块和金融板块一直是他的兴趣所在，因此他对和刘沙白的合作抱有很高的期望。可是双方都没料到花了差不多8个月的时间准备好的投资项目，竟然在松松紧紧、外松内紧、紧了又松、松了又紧的政策变化下突然受阻。贯于不按常理出牌的索罗斯，面对朝令夕改的投资环境，也只能望洋兴叹，束手无策。

四十一、寻找私募基金合伙人

索罗斯于2001年9月中旬访问中国时，朱镕基总理曾私下会见过他。这次会见是不对外公开的。索罗斯在交谈中告诉主人，他愿意在中国建立一个合资形式的金融投资公司，他相信，这个公司会让中国的银行和投资机构获利。朱镕基总理听了索罗斯的构想后，表示支持，但他说，他更加看重的是索罗斯的经验。

从那次会见后，索罗斯一直在中国寻找投资合伙人。

投资刘沙白公司的计划泡汤后，我把注意力从媒体板块转移到金融板块。通过对政策和市场的调研，我注意到随着时间的推移和市场的变化，中国已经出现了很多私募基金公司，而且中国当时的金融法规并没有肯定，也没有否定这些私募基金公司的合法性。上有政策，下有对策，有些中外合资的投资机构非常巧妙地钻了这个空子，悄然无声地在中国进行所谓打擦边球式的各种金融投资活动。

我把这个情况通过电话向索罗斯汇报后，他颇为兴奋，让我立刻去寻找可以合作的私募基金经理。我先去“博事通”找宇光商量这个构想，因为他的公司是专门为国内外金融机构提供服务的，他对中国金融界的情况比较了解。宇光把公募和私募基金的现状给我做了详细介绍，并且同意和我一起去见见在北京、上海和深圳的一些基金经理，也许从中可以挑出合适的人选推荐给索罗斯，由他亲自面试，确定谁能做他在中国的金融投资合伙人。

金融大鳄索罗斯要在中国成立私募基金，这可不是小事。我就此事去征求“通天朋友”的意见。他说，这是索罗斯先生的商业行为，用不着高层同意，关键是要得到中国金融主管部门的认肯和支持。如果我方遇到阻力，再去找高层定夺。在朋友的建议下，我去中国证监会找李青原，先听听她的意见。

李青原在80年代索罗斯第一次访问中国时，在一次学术研讨会上当任过索罗斯的翻译，后来一直在金融界工作。不久前，她放弃了高盛首席经济学家的职务，从香港回到北京，出任中国证监会政策研究中心主任。她听我说了索罗斯想在中国成立私募基金公司的构想后，觉得可以尝试，并向我推荐了一位私募基金经理李振宁。她说李振宁的金融投资成就非凡，他不仅有市场经验，而且和证监会主要领导人关系极好。

我问：“你说他成就非凡是一个什么概念？”

她回答：“身价上了亿。”

我心想，在中国，李振宁也许算是有钱人，但对索罗斯来说，就算不得什么了。“人品怎么样？”我问。

“我敢为他担保。”李青原说完，建议我赶快和李振宁见面。

第二天晚上，我带了宇光一起和李青原、李振宁吃饭。我听李振宁介绍了自己的情况后，对他印象不错，再加上我很信任李青原，而且也考虑到索罗斯在中国做私募基金，一定要和证监会打交道，李振宁和高层的人脉关系对此事非常重要，基于这些考虑，我当时就放弃了再多见一些基金经理的计划，决定把李振宁推荐给索罗斯。

主意一定，我示意他们三位暂时不要说话，让我立刻给索罗斯打电话。索罗斯在海边别墅接了我的电话，听我说完后，连声说好，并要我赶快抓紧时间工作，协助李振宁做好投资计划书。我告诉索罗斯，推荐这位基金经理的人是李青原。我问他是否还记得第一次访问中国时，那位当任口译的女翻译。

索罗斯说："当然记得。"

我说："就是她推荐的，她现在就坐在我旁边，你和她说几句话吧。"

李青原接过手机和索罗斯聊了一会儿，并在电话中和索罗斯约好了10月份在北京与他见面叙旧。

李青原把手机还给我，索罗斯最后又对我说了一句话："事情听起来不错，不管怎样，眼见为实。"

我和索罗斯通完电话，默想了几秒钟，然后笑着对李振宁说："索罗斯很高兴有了一个好的开端，但并不意味着他愿意和你合作。现在最重要的是你的投资计划书能否说服他，此时此刻，你可能是一个很好的人选。"

李振宁问我："那怎么办？"

梁恒夫妇和他们的挚友杨宇光夫妇。

我说："宇光亲自执笔起草的英文投资计划书，得到过索罗斯和他的基金经理的赞赏。看来此事非请宇光操刀不可了，你求他帮帮你吧。"

最后，宇光终于被李青原和我说服了，同意参与这项工作，帮李振宁一把。

李振宁的公司在上海，第二天他乘火车赶回去做准备，先把计划书的中文草稿写出来。我和宇光两天后飞往上海和他一起工作。我们到了上海后，李振宁把我俩安排住进离他的公司不远的一家小酒店。我和宇光三天闭门不出，把李振宁的草稿反复修改多次，总是觉得不妥，干脆还是让宇光重写。最后的定稿出来了，我仔细读了几遍，心里有了一种强烈的感觉，索罗斯肯定会认可同意，于是手一按键，给他发过去了。

我和宇光在回北京的飞机上，继续讨论下一步会是什么样的情况。我把自己的直觉告诉宇光，我一点也不担心计划书，我担心的是索罗斯将要眼见为实的李振宁。

宇光说："如果你号的脉准，索罗斯批准了计划书，并且考虑让李振宁做他在中国的合伙人，接下来最关键的问题，是李振宁怎么通过索罗斯的面试。"

我说："假如李振宁可以和索罗斯直接用英语对话，他们之间的交流会更亲切一些。"

宇光手一拍腿，说："只要索罗斯决定要见他。我们马上给他搞一个魔鬼营训练计划，用最好最快的方式帮他恶补英语，让他有基本的对话能力。"

我听了哈哈大笑，说："你是语言专家，以前在北京外语学院就是教语言学的。这事就靠你了。"

宇光说："你操盘，我督战。"

过了几天，我和索罗斯通电话，他说两个星期后来中国，除了在北京、上海有几次小型的座谈会，主要是和李振宁会面，商量正式成立私募基金的事。我问："你认为他的计划书可行吗？还需不需要让他修改一下？"

索罗斯说："计划书写得很好，没有什么需要修改的，见了人，再和他一起商讨就可以了。"

我马上把这个消息告诉了宇光，他让我赶紧打电话，叫李振宁带着他的总经理速来北京，在和索罗斯开会之前就不要回去了。李振宁听了索罗斯愿意和他见面的消息非常激动，同时也同意我和宇光的魔鬼营训练计划。他问：“你们有把握吗？”

“你放心吧，我们有信心，”我在电话里鼓励他，“请把行李带好，来北京后，关在酒店进行英语口语突击训练，一直到见索罗斯的前一天为止。”

“只有两个星期了，我一定尽力而为。”李振宁说话的口气没有丝毫的畏怯。

索罗斯再次敏锐地嗅觉到投资的机会，刻不容缓地在第一时间作出了决定，让手下人为他把枪架好，瞄准方向，等待他亲自估算这次机会的成功率有多少，何时是扣扳机的最好时机，要射出多少发子弹。但是，这一切就如他自己说的：“事情听起来不错，不管怎样，眼见为实。”毫无疑义，眼见为实的考察，就是他的直觉发生作用，让自己果决定夺的时刻。

四十二、大失所望

宇光为李振宁精心设计了英语训练课程。经过两个星期的苦学加巧学，李振宁不仅把英文的投资计划书背得滚瓜烂熟，也能够用英语简单地对话了。我和宇光特别为他高兴，但为了让他和索罗斯的会谈成功，我们商议还是由宇光亲自出马，当任双方会谈的翻译。

索罗斯如期到京，75岁的他已经不像以前，下了飞机休息片刻就要见人或开会。现在他先要休息一天，缓过劲来，才开始依照日程表活动。那天晚上，我把北京按摩医院的主治医生李大夫请到酒店，专门为索罗斯做了一次让他终生难忘的推拿按摩。

李大夫才40出头，但他的技术的确是第一流的。他曾经为邓小平培训过几位按摩师。我有一次在北京打网球伤了腰，伤势比较严重，在酒店房间的床上躺了一个星期不能动。李大夫每天下班后来帮我推拿按摩，在他的精心治疗下，我的腰伤很快痊愈了。从那以后，我们成了好朋友。

我把李大夫带到索罗斯的房间，李大夫请索罗斯在床上躺好，先给他做一个全身检查。索罗斯半信半疑地按照李大夫的话躺下，轻轻用英语问我："用两只手就能做体检？"我把他的话翻译给李大夫听，李大夫笑着回答：

“通过触摸穴位，可以了解一些基本情况。”

经过从上至下，从前到后的详细检查，李大夫微笑着告诉索罗斯体检结果：“你的身体状况不错，就是腿上有一处老伤，因为当年做手术时骨头衔接不好，时不时会痛的。另外，你的左背肌肉的韧带拉伤过，运动过量或者紧张过度，都会产生疼痛。”

索罗斯听了我的翻译，脸上流露出惊讶和佩服，他没有吭声，让我把耳机给他戴上，他听着莫扎特的音乐，还不到几分钟，就被李大夫的神奇双手带入了梦乡。等他醒来时，满脸堆笑对李大夫说：“实话告诉你，这是我有过的推拿按摩最舒服的一次，你太棒了，谢谢！”

索罗斯休息好后，第二天上午和李振宁在他下榻的酒店房间里会谈。李振宁带着总经理和宇光精神焕发地进了索罗斯的套房。大家刚坐下寒暄了几句，李振宁告诉索罗斯，80年代初，索罗斯第一次访问中国时，在北京的学术交流会上发表讲演，他当时也在场聆听，不过那时候，他还是个小青年，只能被安排坐在最后一排。

这番话马上把索罗斯逗乐了，会谈的气氛立刻轻松了。索罗斯一辈子都不会忘记那次和中国的青年精英们的思想交流。他笑着对李振宁说：“瞧，那次参加会议的许多年轻人，现在都是中国的栋梁人物了，包括你自己，已经成为很成功的商人了。”

接下来的话题转到索罗斯和李振宁两人的第一次投资经验。索罗斯问李振宁，他的第一桶金是怎么赚来的。李振宁告诉索罗斯，他是跟自己的姐姐借了5000港元，在香港的金融市场做权证交易发的财。索罗斯听到这里，眼睛一亮，兴奋地说：“真是巧了，我的第一桶金也是从亲戚那里借了5000英镑，也是买卖权证赚的钱。”

大家听了哈哈大笑。索罗斯情绪高涨，也许是80年代的回忆缘分，也许是赚第一桶金的巧合，他对李振宁明显地有了好感，笑呵呵地把话题转到合伙投资的事。出乎大家的意料，他只问了李振宁两个问题，便作出了决定。

索罗斯问：“我投10亿美元，你能做好吗？”

李振宁回答：“没有问题。”

索罗斯再问："我投100亿美元呢？"

李振宁回答："也没有问题。"

索罗斯说出自己的决定："好，我很喜欢你，你可以做我的合伙人。你和我的股份比例各为50%。你可以不出钱，所有的钱都由我出。你那份该出的钱，由我无息贷款给你，先帮你出了。我等一下打电话，让律师两天后从纽约飞到上海和我们见面。律师会把合同准备好，我们在上海签字。如果你的注册和其他准备工作都顺利的话，我们的私募基金明年就可以营运了。至于客户，你不必担心。我的基金上市从来都是大客户们等着排队购买。"

索罗斯的决定对李振宁来说，太不可思议了，简直比天上掉馅饼还美。很显然，索罗斯是有备而来的，看起来他的准备工作做得比李振宁还要好。他当然明白李振宁的财力绝不足以充当他的合伙人，他所需要的，是让李振宁做他进入中国金融市场的拐杖，利用这个合资的平台，在中国轰轰烈烈地大干一场。因此，所谓会谈，就是见人，人满意了，会议也就开好了。

人虽满意了，团队呢？硬件呢？两天后，索罗斯去上海参观了李振宁的公司，他没想到自己好像是做了一场梦，美梦一醒，大失所望，与李振宁合伙做私募基金的计划在10分钟内全部化为乌有。

索罗斯到达上海后，上午去中欧国际工商学院讲演。讲演完后去李振宁家吃午饭。这顿饭菜是李振宁在我的具体指导下让家里人做出来的，当然符合索罗斯的口味。主客有说有笑，索罗斯还兴致勃勃地和李振宁商量怎么给私募基金命名。

吃过午饭，索罗斯由李振宁陪同直奔他的公司去。李振宁的公司占了整个办公大楼的一层。刚刚走进他的公司，索罗斯左看右看，对公司的硬件流露出不满意，他用比较含蓄的口气对李振宁说："我的客户都是很重要的人，办公室一定要很体面。"

李振宁说："这栋办公楼还是比较新的。"

索罗斯走到窗前朝外看了看，说："可以考虑换一个更加气派更加新的办公地点。"

索罗斯的话不仅没有引起李振宁的重视，他的总经理还在旁边插话："我们老板在别的券商公司有一间贵宾办公室，专门供他做交易用，而且是免费的。”

索罗斯听了这句话，沉默无语。

进了李振宁自己的办公室后，索罗斯让他把操盘手叫过来面谈。索罗斯一共见了3个人，他们都很年轻，都能用不太熟练的英语对话。他们分别告诉索罗斯，由他们掌握的买卖股票的金额在1万～10万元人民币之间，最近买的是医药股，买后不久就跌了。索罗斯越听越不对劲，也没有多问了，他让所有的人都出去，自己要和李振宁关着门单独谈话。

几分钟后，他俩谈话结束。索罗斯面色凝重，一言不发，匆匆离去。李振宁神色黯然，心烦意乱，过了一会儿才开口。他说索罗斯认为他的团队完全不行，光靠这个团队，他不能和李振宁合作。李振宁必须从类似高盛这样的金融机构挖人，用重金聘请专业操盘手，组织新的团队。而且索罗斯当场就改变了原初的构想，准备再找一个合伙人进来。他让李振宁明天和他一起去见一位在上海的英国籍基金经理，看可不可以让这个人加盟他们的私募基金。

对李振宁来说，重新换一个更气派更新的办公室不是问题，花重金聘请专业操盘手，建立一支新的团队没有那么容易，但也不是做不到，反正都是索罗斯出钱。但是，要再拉一个人进来，而且来人还是完全不熟悉的外国人，对于这点，李振宁很是不快，但没想到让他更加不快的事还在后头呢。

第二天，索罗斯带着李振宁一起和英籍基金经理开会。索罗斯在会前已经和这个人谈过了，心里也早就有了主意。会议进行不久，索罗斯根本就没有征求李振宁的同意，直截了当地对他们两位说，他决定让这位英籍基金经理加盟，他自己占50%的股份，李振宁和新加入的合伙人各占25%的股份。然后他建议李振宁和这位新的合伙人好好谈谈，如果双方都没有什么意见，这件事就这样定了。

索罗斯的变招让李振宁很生气，但他在会议上控制住自己的情绪，不露声色。英籍基金经理心里肯定乐滋滋的，别说25%的股份，也别说和索罗斯一起共事，只要能和索罗斯的名字沾上一点边，对他个人的金融投资事业将会是何等的荣誉。但李振宁可不是这样想，他并不乐意和一位陌生的外国人合作，更不愿意让此人白白拿走原来属于自己的股份。他决定要把自己的不满意坦率地告诉索罗斯。

索罗斯在离开上海去机场的路上，接到李振宁打来的电话，他安静地听着，对李振宁的不满没有作任何具体的回答。回到纽约的第二天，索罗斯给李振宁写了一封充满外交辞令的信，意思就是，这件事到此结束。

熟悉索罗斯的人都熟悉这个笑话：在飞机的头等舱里，索罗斯和旁边的人闲聊，两人一路上相谈甚欢，索罗斯对此人的才智相当欣赏，下飞机时，他主动邀请这位高手到自己的投资公司出任副总裁。对方欣然接受，第二天就去报到上班了。没想到才干了两天，索罗斯对新来的合伙人说："老兄，对不起，你不是我真正需要的人，请你马上离开。"

在选李振宁做自己的合伙人这件事情上，索罗斯到上海参观了李振宁的公司后，眼见为实，相信自己的直觉：李振宁的团队不可能胜任重负，李振宁不是自己理想的合伙人。尽管他对李振宁有好感，但他绝不会让自己陷入事与愿违的困境，他又一次不讲情面地与商业伙伴分手，而这次，连短期的战术结盟都没有开始。

四十三、你的人生你做主

索罗斯回到纽约后，对中国的兴趣骤然冷淡了。说起来也真是巧合，就在这个时候，我也对自己的工作厌倦了。我从中国回来后，第二天去索罗斯的庄园，想和他谈谈自己的事。索罗斯听秘书说我来了，马上从书房出来见我。他身穿睡衣，蓬头垢面，面色沉重，右手拿了5支铅笔，看上去刚才是在写东西。

“要不要去游泳？”我见他神情紧张的样子，心想到游泳池谈话可能会轻松一点。

索罗斯连忙摇头说：“不行，不行，我有太多的麻烦事情要处理，你自己去吧。”接着又说：“中国的事情要停下来，现在有更重要的事情等着我去做。”索罗斯忧心忡忡地说完话，准备回书房去。

我后来才知道，他已经预感到了史上最大的金融海啸可能快要来了，注意力已经开始转移到美国本土上，正在为日益恶化的经济问题担忧呢。正是因为这种担忧，他把已经接班的大儿子赶下了宝座，他认为大儿子的阅历太浅，经验不够，很可能会在将要来临的金融海啸中船沉人亡，于是他当机立断，自己重出江湖，亲自掌舵，准备迎闯人类金融史上最大的一次危机。

2007年的夏天，索罗斯在海边别墅召集了美国最有实力的二十几位基金经理开会，讨论如何面对由次级房贷引发的金融危机。遗憾的是，会议上只有两位基金经理支持他的看法。事后，他向外界吐露自己的苦衷："我说狼来了，可惜没有人听啊！"而事实证明，他的看法是英明正确的。在最危急的情况发生之前，也只有他和那两位同意他的观点的基金经理抛掉了所有的地产股，买进了能源股，在随后最困难的那两年，他们三人不仅没有亏损，反而还赚了大钱。

"你是不是又背痛了？"我开玩笑地说。因为在几十年的投资生涯中，凡是有危机出现时，索罗斯的左背就会隐隐发痛，而且会随着事态的发展越来越痛，痛到最后会促使他作出快速出仓的决定。

"是有点痛，"索罗斯苦笑一声，然后问我，"你是不是有事想跟我说？快抓紧时间说吧，我再过10分钟要和德国的财政部长通电话。"

我听他说中国的事情要停下来，马上借机把自己决定要归隐的想法告诉他。我用了不到10分钟的时间，把自己一生中最重要的一次决定说给他听了。

索罗斯离开上海后，我一个人去爬了泰山。这次泰山之行让我作出了一个重大的人生决定：我要急流勇退，归隐山林，过淡泊恬静的生活。

深秋的泰山雄浑静穆，在红黄绿叶的簇拥下，溢彩流光，妙不可言。我从一天门开始攀登，拾阶抬步，一路观云烟起伏，听松涛阵阵。到了中天门后，我浑身冒汗，直喘粗气，找了一块大石头坐下，休息片刻，举目四望。远方层峦叠嶂的山峰、水光潋滟的河水尽收眼底，就在这一刻，我萌生出超凡脱俗、归隐山林的意念。

我继续攀登，让自己的意念在云梯般的石路上慢慢释放，终于到达了石阶的尽头南天门，在天街漫步的感觉真如神游仙境，心神愉快。

那天晚上，万籁皆寂，我在房间的阳台上静坐，遥望繁星闪烁的夜空，思绪围绕着归隐而起伏。我审视自己从少年时代开始，已经走过的人生道路，从而更加坚定了自己的追求目标：做一个胸怀天下、知书达理的人。进，为国家和社会尽绵薄之力；退，修身养性，成就智慧。经过反复思考，我对自己说，50岁之前，我在进；过了50岁的今天，我应该退了。

在我心目中，最高的人生境界就是，既要内圣外王、知行合一，又能仙风侠骨、心怀慈悲。我深知这条人生道路曲折艰难，但趣味无穷，值得一走，因为我是依我的方式在度过自己的人生。我告诉自己，从今以后，我要读书悟道，行走山水，回归自然。隐退的决心已定，我准备回美国后马上去找索罗斯谈自己的想法。

索罗斯听完我要退出江湖的想法后，微微一笑说："你是我所见到的第一位想当隐士的。"我没料到索罗斯的反应如此轻淡。我问："你没有什么要说的？"索罗斯耸耸肩，笑着说："急流勇退是好事，你的人生你做主。"

我说退，就是坚决的退，说隐，就是彻底的隐。从2005年底开始，我再没有接触过世事。说起来也真是惭愧，很久以来，我没有时间安静下来，从头到尾把一本书读完过，也没有去我家后面的森林公园散过步。现在，除了潜心读书、写作，我每天都会去树林里散步。我还对厨艺产生了兴趣，学会了做饭烧菜，经常邀请朋友们来家做客，大家欢聚一堂，有说有笑，热闹得很。我和杨青除了坚持打网球、游泳之外，也学会打高尔夫球了，每次在绿茵茵的草地上走上个四五个小时，心情特别舒爽。有时候，我闲步青草地，遥望蓝天白云，心里会感叹，谢谢老天爷，归隐的生活多好啊！

2009年的5月初，我和杨青在中国旅行。有一天，我接到刘沙白的电话，说他在索罗斯访问北京时，准备和他太太李南举办一个小型的私人宴会。这些年来，索罗斯逢有新书出版，都没忘寄给刘沙白一本。他知道我有索罗斯的私人邮箱地址，只有通过我才能将他的邀请转给索罗斯。

李南是第一位专访索罗斯的中国电视节目主持人。那是在2005年春，但由于各种原因，专访没有在电视上播出。他们夫妇希望与索罗斯好好叙旧，弥补当年的遗憾。

这些年来，我已经习惯了清静无为的隐居生活。虽然有朋友说，我总有一天还会重返江湖大干一场，但我完全没有这种冲动。在归隐后的这些年里，几乎每个周末，我和杨青都会去索罗斯庄园打网球或游泳。如果索罗斯回庄园来住时，我们有时候会见到他。我有机会还是要和他下棋，但见面时，都是轻松地闲聊日常生活，从来不谈世事。

记得有一次，我让索罗斯给宇光写一封邀请信。我在游泳池给他打电话，说有非常要紧的事找他，他叫我去他的书房见面。等他见到我时，半开玩笑地说，你一定是为私事而来。

他听我讲了来意，就把秘书叫过来，说："既然是私事，你现在就用我的私函信纸，以我的名义帮梁为朋友写一份邀请信，让梁开心。"信打好了，他笑嘻嘻地签好名，抬头对我一眨眼，说道："我第一次为你的私事签名。"这一句话，顿时让我眼泪涌了出来，这是一种时光倒流的感动。20多年来，我让索罗斯为公事不知签了多少次名，但是，私事签名还是第一次。我觉得索罗斯的话语里含有对往事的深情感慨，同时也的确把我视为真正的隐士了。

刘沙白的想法让我有点为难，我要不要为他破一次例呢？考虑很久，最后还是决定帮他一次。刘沙白接到我的电话很高兴，他告诉我，索罗斯两天后到北京，时间很紧迫。他担心索罗斯在北京的行程安排已妥，很难改变。我让他放心，我跟索罗斯相处了20多年，当然知道怎么会让他同意此事。果

索罗斯在北京与刘沙白和梁恒交谈。

索罗斯在刘沙白夫妇为他举办的私人晚宴上。

然如此，刘沙白把由我起草的信，电邮给索罗斯后，不到一小时就收到了索罗斯的答复：可以。接下来，我把索罗斯喜欢吃的中国菜都一一告诉了刘沙白，并让他备好索罗斯在饭后最喜欢喝的酒。我特别提醒他，参加私人宴会的客人一定要是哲学教授和文化学者。最后，我把这次私人宴会能否成功的秘籍授予刘沙白：多谈他的父亲……

索罗斯到达北京后的第二天晚上，出席了刘沙白夫妇为他专门举行的私人宴会。这对俊男美女夫妇在后海的一个宫廷花园盛情款待索罗斯。宾主欢聚一堂，索罗斯一晚上都很高兴，最后都舍不得离开。宴会结束后，刘沙白给我发了一个短信：一切皆完美，谢谢梁大侠！

多少年来，媒体都在赞誉索罗斯是走在金融市场前面的人，索罗斯也承认自己是超越金融市场的先行者。他心里明白，快半步，步步为先，就是这个“快半步”，让他总是处于不败之地。当我从中国回来去见他时，他忧心忡忡，因为他已经预感到了史上最大的金融海啸可能快要来了，他在严密观察海啸来临之前的种种迹象，并在全世界最具影响力的报纸杂志上，发表自己对即将来临的金融海啸的预测、分析和救济方案。可惜的是，每一次他事先的预警都不会受到人们高度的重视。难怪他很无奈地对人说：“我说狼来了，可惜没有人听啊！”

2007年的次贷市场的崩溃，导致相互关联的各个市场倒骨牌似地崩溃，过了不久，崩溃以雷蒙兄弟公司的破产达到顶峰，金融监管当局不得不进行大规模的干涉，来阻止市场的彻底崩溃。其实，索罗斯早就预测了市场崩溃的可能性和恶劣后果。比任何人快半步的他，在金融灾难发生之前早就做好了个人的防范措施，卖掉手中的地产股，买进大量的能源股，虽然他个人躲避了金融灾难，但他的预警却无法防范整个金融市场的崩溃。

市场在金融监管当局的强大干预下逐步稳定，经济也开始复苏了，索罗斯却认为金融监管当局的权宜之计并没有真正解决问题，金融监管当局应该更多地干预市场，否则，经济复苏很可能夭折。遗憾的是，索罗斯的呼吁又被金融监管当局忽略了。这时候，索罗斯再次发出警告，他说："经济复苏的势头可能会停止，甚至随之出现再次衰退，而我不能确定的是，它会发生在2010年还是2011年。"此时此刻，索罗斯心想：我说狼来了，听不听是你们的事，我先做好自己的事。索罗斯当机立断，马上行动，开始做好防范措施，他卖掉股票，买进黄金。这一回，索罗斯又比市场快了半步，当新的金融危机爆发时，他已经安然无事了。

尾　声

2010年8月15日，索罗斯在海边别墅举行了庆祝八十大寿的盛大晚会。我和杨青是提前一天到他家的。第二天中午，我像往常一样，上索罗斯的房间叫他一起去海里游泳。我进了他的卧室，他正好躺在床上做按摩，我在床边的一张椅子上坐下等他。我留意到他床上的那个枕头，上面绣了几个字“所有的人都想要你的钱”，这是索罗斯当时和苏珊结婚时别人送的礼物，他特别喜欢，留下来枕着睡觉，可能也是用来提醒自己什么，我从来没有问过他为什么喜欢这个枕头。

索罗斯和梁恒夫妇在他的生日晚会上。

“你还在用这个枕头？”我问。他和苏珊离婚很久了，没想到他还留着这个枕头。

索罗斯半醒半睡没有回答我的问题。这个枕头勾起了我的很多回忆，记得我第一次看见这个枕头，还嘲笑过他的枕头很女气，浅蓝色的枕套上绣着粉色的字，想到这，我颇有感慨地大声念道：“所有的人都想要你的钱。”索罗斯听了，闭着眼睛说：“除你之外，你是我一生至今、唯一不问我要钱的人。”

索罗斯说的没错，他一生都是和钱打交道，也和想要他的钱的人打交道，从国家到社会，从机构到个人，甚至包括两位前妻和5个小孩，他和所有的人都有钱的关系。自从他认识我到现在，20多年过去了，我除了向他申请钱去帮助别人，或者报销为他做项目所花的费用之外，从来没有为自己向他要过一分钱。我非常清楚，他之所以乐意而且也可以和我相处这么多年，是因为我在他的生活中的出现和存在，使他能够在自己的内心深处保留着一片纯朴自然的、非功利的净土。

按摩结束了，等按摩师离开后，索罗斯坐起来穿上浴袍，准备和我一起去游泳。他走出房间时，扭过头来笑着问我：“梁，告诉我，你为什么从来不问我要钱？”

我本来不想回答，但看他一副认真的模样，也就认真说了：“在我的一生中有比钱更重要的东西。我已经有了，很知足了。”

索罗斯瞪大眼睛问：“有了？”

我回答：“有了，和你在一起度过的时光，这是我一生中最珍贵的东西。”

索罗斯眼睛一亮，长吁一口气，很有感慨地点点头，微笑着拍拍我的肩膀，轻轻地说：“梁，你给了我最好的生日礼物！”

我们到了海边，风太大，浪太高，索罗斯认为现在下海游泳太危险，建议在沙滩上散散步。20多年过去了，每年夏天，我们都会在这片沙滩上散步，风把我们的脚印吹得一干二净，而我们的友情却全部倾注在蓝色无垠的大海中。

我对他说："哲王，我正在写书，写你和我，你和中国的事情。"

索罗斯听了非常高兴，问道："写得怎样了？"

我说："快写完了，差不多有40多章。"

索罗斯对我眨眨眼，笑着逗我说："有那么多可写吗？"

我感叹一声："并不多，都是一些小故事，但是详尽记录了我们曾经有过的美好时光。"

索罗斯停住脚步，凝神屏息地望着大海久久没有说话，然后深情地自言自语："是啊，非常美好的时光。"

逝者如斯，索罗斯真的老了，但他与梁恒的珍贵友情并未随岁月的流逝而褪色。